¡Qué misterioso!

 Alles Digitale zu diesem Buch kann auf der Lernplattform **allango** von Ernst Klett Sprachen abgerufen werden. So geht's:

 | QR-Code scannen oder **www.allango.net** aufrufen | Buchtitel oder ISBN in der Suche eingeben und auf das Buchcover klicken | Zum Inhalt navigieren, direkt abrufen oder speichern

 Dieses Symbol bedeutet, dass zu einem Buch-Abschnitt ein digitaler Inhalt verfügbar ist.

¡Qué misterioso!

Die Mystery-Methode im
Spanischunterricht (A2 – B2)

von
Dr. Elena Schäfer

Ernst Klett Sprachen
Stuttgart

1. Auflage   1 ⁶ ⁵ ⁴ ³ ² | 2028 27 26 25 24

Alle Drucke dieser Auflage sind unverändert und können im Unterricht nebeneinander verwendet werden. Die letzte Zahl bezeichnet das Jahr des Druckes. Das Werk und seine Teile sind urheberrechtlich geschützt. Jede Nutzung in anderen als den gesetzlich zugelassenen Fällen bedarf der vorherigen schriftlichen Einwilligung des Verlags.

Die in diesem Werk angegeben Links wurden von der Redaktion sorgfältig geprüft, wohl wissend, dass sie sich ändern können. Die Redaktion erklärt hiermit ausdrücklich, dass zum Zeitpunkt der Linksetzung keine illegalen Inhalte auf den zu verlinkenden Seiten erkennbar waren. Auf die aktuelle und zukünftige Gestaltung, die Inhalte oder die Urheberschaft der verlinkten Seiten hat die Redaktion keinerlei Einfluss. Deshalb distanziert sie sich hiermit aus-drücklich von allen Inhalten aller verlinkten Seiten, die nach der Linksetzung verändert wurden. Diese Erklärung gilt für alle in diesem Werk aufgeführten Links.

© Ernst Klett Sprachen GmbH, 70178 Stuttgart 2021.
Alle Rechte vorbehalten. Die Nutzung der Inhalte für Text- und Data-Mining ist ausdrücklich vorbehalten und daher untersagt.
www.klett-sprachen.de

Autorin: Dr. Elena Schäfer
Mitarbeit: Ida Garaycochea

Redaktion: Simone Roth
Illustrationen: Sven Palmowski (KV 1.3, 1.6, 2.3/2.6R, 4.1, 4.2, 4.3/4.4B, 4.3M, 4.5b, 4.6, 5.1, 5./5.3B)
Layoutkonzeption: Marion Köster, Stuttgart
Gestaltung und Satz: Joachim Schrimm, ETYPO, Friolzheim
Umschlaggestaltung: Andreas Drabarek
Titelbild: Shutterstock (DedMityay), New York;
Getty Images (Nosyrevy), (Biljana Cvetanovic), (Rockatansky), (PhotoStock-Israel), (undefined undefined), (SteveAllenPhoto), (rhoon), (drferry), (Grant Faint), (rambo182), München;
Wikimedia Commons (gemeinfrei)
Druck und Bindung: Elanders Waiblingen GmbH, Waiblingen

Printed in Germany
ISBN 978-3-12-526826-5

Vorwort

Liebe Kolleginnen und Kollegen,

sicherlich kennen Sie die folgende Situation: Sie bereiten eine Unterrichtsreihe vor und suchen nach einem besonderen „Leckerbissen", um das vorgesehene Thema für Ihre Lerngruppe schmackhaft(er) zu machen und abwechslungsreich zu gestalten.

Genau hierfür ist das vorliegende Mysteryheft gedacht. Durch ihren Rätselcharakter macht die Mystery-Methode Ihren Schülerinnen und Schülern Lust auf ein entdeckendes und selbstgesteuertes Lernen: Im Team gehen sie auf die Spurensuche komplexer Sachverhalte, besprechen Ideen, verwerfen sie wieder – alles in der Muttersprache! – bis sie mit den Inhalten vertraut sind und kompetent darüber berichten können.

Hierfür geht die Mystery-Methode immer von einer Leitfrage, der sog. Mysteryfrage, aus. Diese ist in einen thematischen Kontext (Ausgangsgeschichte) eingebettet, der die Frage in Raum und Zeit verortet, und verweist auf ein Konfliktfeld, das inhaltlich zwei Punkte miteinander verknüpft, die auf den ersten Blick nur schwer in Einklang zu bringen sind. Das Staunen über Fragen – wie z. B. nach dem Zusammenhang zwischen der Nilpferdplage in Kolumbien und dem Drogenkonsum im Frankfurter Bahnhofsviertel – initiiert die Kommunikation innerhalb der Lerngruppe und regt zur spielerisch-motivierenden Auseinandersetzung mit dem Thema an.

Das vorliegende Heft bietet Ihnen eine Auswahl an sieben Mysterys zu unterschiedlichen Themen der spanischsprachigen Welt für die Sprachniveaus A2 bis B2, die abhängig von der Lerngruppe innerhalb von 45 bis 90 Minuten durchführbar sind.

Um die jeweilige Mysteryfrage beantworten zu können, erhalten die Schülerinnen und Schüler, abgesehen von der Ausgangsgeschichte, eine bestimmte Anzahl an Mysterykärtchen. Diese enthalten Einzelinformationen mit Text- und Bildimpulsen, die in Kleingruppen erschlossen und miteinander kombiniert werden müssen. Hierfür bereitet die Lehrkraft im Vorfeld pro Gruppe einen Umschlag mit den ausgeschnittenen Mysterykärtchen vor und stellt jedem/r Schüler/in eine Übersicht aller Kärtchen zur individuellen Bearbeitung zur Verfügung. Die Mysterykärtchen sind für alle Gruppen gleich. Ihre Bearbeitung und logische Anordnung münden in der Gestaltung eines Posters, welches in der Klasse präsentiert wird und dazu dient, die Lösung(swege) miteinander zu vergleichen und eine Anschlusskommunikation zu initiieren.

Die Besonderheit der Mystery-Methode besteht darin, dass komplexe Sachverhalte, wie z. B. die Eroberung Amerikas oder die Erarbeitung des Don Quijote, didaktisch auf das Wesentliche reduziert werden. Folglich eignet sich der Einsatz der vorliegenden Mysterys vor allem zur Einführung neuer Themen. Die Mysterys können aufgrund ihrer Komplexität beliebig vertieft und weitergeführt werden. Ihre Verwendung ist nicht nur im Präsenzunterricht möglich, sondern bewährt sich auch im Distanzunterricht.

Vorwort

Um Sie bei der Durchführung der Mysterys zu unterstützen, bietet Ihnen das vorliegende Heft folgende Materialien:

1. Kopiervorlagen zur Kommunikation und Unterrichtsorganisation
   a) Redemittel für die Phasen der Gruppenarbeit und Posterpräsentation
   b) Rollenkarten für die Phase der Gruppenarbeit

2. Einzelne Mysterys mit Kopiervorlagen
   a) Didaktisch-methodische Hinweise: Verlaufsplan und Erwartungshorizont
   b) Unterrichtseinstieg, Mysteryfrage und Aufgabenstellung
   c) Mysterykärtchen im Überblick
   d) Mysterykärtchen zum Ausschneiden
   e) Differenzierungsmaterialien und Anregungen zur Hausaufgabe.

Wir wünschen Ihnen und Ihren Lerngruppen viel Freude und Erfolg mit den Mysterys!

Zusatzmaterial steht online zur Verfügung.

Erläuterung der verwendeten Symbole

 Gruppenarbeit

 Plenum

 Leseverstehen

 Sprechen

 Internet

In den Lehrerhinweisen verwendete Abkürzungen

KV Kopiervorlage

SuS Schülerinnen und Schüler

HA Hausaufgabe

L Lehrperson

Inhaltsverzeichnis

Mystery 1
Una fiesta de cumpleaños en Salamanca (A2)

¡Felicidades! ¿Qué tiene que ver la fiesta de cumpleaños de Fernando con una obra de teatro del siglo XVI?

Didaktisch-methodische Hinweise und Erwartungshorizont 10

Unterrichtsmaterialien (KV) 12

Mystery 2
Al Ándalus (A2)

El misterio de Al Ándalus. ¿Qué tiene que ver el Casco histórico de Córdoba con una jirafa?

Didaktisch-methodische Hinweise und Erwartungshorizont 19

Unterrichtsmaterialien (KV) 21

Mystery 3
El día de los muertos en México (B1)

¡Recuérdame! ¿Qué tiene que ver el color naranja con los pícnics nocturnos en cementerios mexicanos?

Didaktisch-methodische Hinweise und Erwartungshorizont 28

Unterrichtsmaterialien (KV) 30

Mystery 4
La conquista de América (B1)

La leyenda del chocolate: ¡La culpa la tiene ella! ¿Qué tiene que ver la leyenda del chocolate con la caída del imperio azteca?

Didaktisch-methodische Hinweise und Erwartungshorizont 38

Unterrichtsmaterialien (KV) 40

Mystery 5
Colombia: Pablo Escobar y el narcotráfico (B2)

¡Herencia mortal! ¿Qué tiene que ver la plaga de hipopótamos en Colombia con el problema de drogas en el barrio de la estación de Fráncfort?

Didaktisch-methodische Hinweise und Erwartungshorizont 47

Unterrichtsmaterialien (KV) 50

Mystery 6
Los desaparecidos de la dictadura militar argentina (B2)

¡Ardiente ausencia! Hoy es jueves, el cumple de Lucía. ¿Por qué tiene un nudo en la garganta al abrir su regalo mientras que al mismo tiempo en Buenos Aires su madre y otras abuelas hacen un nudo en sus pañuelos blancos?

Didaktisch-methodische Hinweise und Erwartungshorizont 58

Unterrichtsmaterialien (KV) 60

Mystery 7
Miguel de Cervantes: Don Quijote (B2)

La tentación de lo imposible: ¿Qué tienen que ver las aventuras de Don Quijote con la lucha de Greta Thunberg?

Didaktisch-methodische Hinweise und Erwartungshorizont 67

Unterrichtsmaterialien (KV) 70

Expresiones útiles para el trabajo en grupo y la presentación del póster

I. Para comunicarse durante el trabajo en grupos

Para expresar su opinión
(No) pienso que (no + subj.)
(No) creo que (no + subj.)
En mi opinión...
A mí, me parece que...
Me parece importante que... (+subj.)
Es necesario que... (+subj.)
Para mí...
Estoy convencido/a de que...
Lo que quiero decir es que...
Para mí, lo más importante es...

Para pedir la opinión de los otros
¿Qué piensas tú?
¿Qué te parece? / ¿No te parece?
¿Qué quieres decir con esto?
¿Me explico?

Para expresar indecisión o indiferencia
No sé.
A mí me da igual.

Para expresar (des)acuerdo
(No) estoy de acuerdo (con lo que dices).
(No) tienes razón.
Así (no) es.
(No) soy de la misma opinión.
(No) comparto tu opinión.
(No) entiendo tu argumento.
(No) lo veo como tú.
(No) es verdad.
(No) tiene sentido.
Hay un problema.
También hay que pensar en...
No hay que olvidar que...
Bueno, pero... / además...
Creo que tenemos que hablar de otro aspecto más importante.
Lo más importante es (que)...
Otro punto de importancia es...
Es necesario mencionar / considerar (que)...
Hay que tener en cuenta que...

Para justificar su opinión
Por ejemplo / Un ejemplo es que...
Una razón es...
Porque... / es que...
En primer lugar / En segundo lugar
Por un lado / Por otro lado
Por eso...

Para referirse a las tarjetas misteriosas
En la tarjeta X se ve...
La tarjeta X representa / muestra / simboliza ...
Las tarjetas X y Y (no) combinan porque...
Hay una relación entre las tarjetas X y Y porque...
¿Qué significa ... en la tarjeta X?
(No) entiendo lo que significa.

II. Para presentar la solución

La pregunta misteriosa es...
Aquí os presentamos...
En nuestro póster se ve... / Nuestro póster muestra...
Aquí se ve...
Hay una relación entre las tarjetas X y Y
Por eso...
No estamos seguros, pero creemos que...
Al final podemos decir...
Nuestra solución es...
Para resumir / terminar...
¿Hay preguntas?
Gracias por vuestra atención.

Tarjetas de rol durante el trabajo en grupos

Responsable de tiempo

Tu función:

(1) ¡Mira el reloj y asegura que terminéis la tarea en el tiempo previsto!

(2) Si tu grupo termina antes del tiempo previsto: Pide otra tarea a tu profesor.

Responsable de lengua

Tu función:

(1) ¡Asegura que todos los compañeros de tu grupo hablen español!

(2) ¡Asegura que no haya problemas de vocabulario / que todos entiendan el contenido!

Responsable de tarea

Tu función:

(1) ¡Asegura que todos trabajen!

(2) Si tu grupo necesita ayuda, puedes hablar con el responsable de tarea de otro grupo.

Responsable de póster

Tu función:

(1) Toma el póster y los lápices en la mesa del profesor.

(2) ¡Asegura que todos los compañeros de tu grupo puedan presentar el esquema en vuestro póster!

(3) Antes de presentar, pon el póster en la pizarra.

Mystery 1: Una fiesta de cumpleaños en Salamanca (A2)

Didaktisch-methodische Hinweise und Erwartungshorizont

Lernziele

Die Lerner vertiefen ihre Kompetenzen im Bereich der sprachlichen Mittel und des interkulturellen Lernens, indem sie die Bild- und Textimpulse zur Stadt Salamanca entschlüsseln, in einen thematischen Zusammenhang einordnen und als Wegbeschreibung nutzen: Mit Hilfe eines Stadtplans finden sie heraus, wann und wo Fernandos Überraschungsparty stattfindet. Nämlich in einem Park, der nach dem berühmten Theaterstück *La Celestina* von Fernando de Rojas aus dem 16. Jahrhundert benannt ist.

Unterrichtsmaterialien

KV WS, KV ROL und KV 1.1 – 1.8

Verlauf

Als Einstimmung auf das Mystery kann die L zu Stundenbeginn folgendes Tafelbild skizzieren und gleichzeitig das Geburtstagslied *Cumpleaños feliz* abspielen:

Der audiovisuelle Impuls soll einerseits die SuS dazu anregen, Hypothesen zu bilden und der L andererseits ermöglichen, zur Mysteryfrage *¿Qué tiene que ver la fiesta de cumpleaños de Fernando con una obra de teatro del siglo XVI?* überzuleiten.

Das Arbeitsblatt (KV 1.1) bildet die Rahmenhandlung der Stunde. Die SuS versetzen sich in die Lage Fernandos und helfen ihm, herauszufinden, wann und wo die Überraschungsparty zu seinem Geburtstag stattfindet. Hierfür finden sich die SuS sich in Gruppen zusammen, erhalten die Materialien (KV 1.2 – 1.6), bearbeiten die Aufgabenstellung und präsentieren im Anschluss ihre Ergebnisse. Zum Abschluss der Stunde bietet es sich an, typische Geburtstagstraditionen aus der hispanophonen Welt zu thematisieren (z. B. aus dem *material adicional*, KV 1.8) und/oder die SuS als HA zu weiteren Geburtstagstraditionen anderer Länder recherchieren zu lassen.

Als **Differenzierung** stehen für lernschwächere Gruppen Tipps zur Bewältigung des Mysterys zur Verfügung (KV 1.7). Sie konzentrieren sich auf die Rekonstruktion der Wegbeschreibung von Fernandos Wohnung in den Stadtpark. Schnelle Gruppen können ihr bisheriges Wissen um Geburtstagstraditionen aus Spanien und Mexiko erweitern (KV 1.8), in der Gruppe diskutieren und durch die Beschriftung des noch leeren Mysterykärtchens N in ihre Präsentation integrieren.

Differenzierung für lernschwächere Gruppen

Erwartungshorizont (Mysteryfrage)

Die SuS erarbeiten, dass Fernandos Überraschungsparty um 18 Uhr im Park *Calixto y Malibea* bzw. *La Celestina*, in Salamanca stattfindet, der nach dem berühmten gleichnamigen Theaterstück aus dem 16. Jahrhundert benannt ist.

Ausgehend von Fernandos Wohnort im Viertel *Arrabal* und mit Hilfe des Stadtplans (Kärtchen K und M) führen die versteckten Hinweise quer durch die Stadt: Von dem Puente Romano (Kärtchen K und I) soll Fernando – auf Anraten einer Oma und eines Detektivs (Kärtchen L und B) – den *Río Tormes* überqueren. Der Weg führt weiter, vorbei an den Schätzen der *Casa Lis* (Kärtchen K), in die *Calle Gibraltar* in Richtung der *Catedral Vieja*. Der nächste Hinweis kommt per Whatsapp (Kärtchen F): Zwischen der *Catedral Vieja* und der alten Stadtmauer gibt es einen Weg, der an einem kleinen Platz vorbeiführt. Auf der gegenüberliegenden Seite befindet sich der Treffpunkt: Ein Park namens *Calixto y Malibea* (Kärtchen M). Die SuS erkennen, dass der Name des Parks auf ein Theaterstück aus dem 16. Jahrhundert von Fernando de Rojas zurückgeht. Kärtchen C gibt Aufschluss darüber, dass das Theaterstück – anders als auf dem Stadtplan – nicht nur als *Calixto y Malibea*, sondern auch als *La Celestina* bekannt ist. Die Hinweise zur Uhrzeit können Kärtchen D und G entnommen werden.

Introducción al tema

KV 1.1

Hoy es el cumple de Fernando. Es un día de alegría, pero Fernando está muy triste. No puede celebrar su cumple porque su piso en el barrio "Arrabal" de la ciudad de Salamanca es muy pequeño. Por la mañana recibe una carta de sus amigos.

La carta dice:

¡FELIZ CUMPLEAÑOS!

¡Hacemos una fiesta sorpresa para ti!
Estás curioso, ¿no? Para tener más información, tienes que responder una pregunta misteriosa:
¿Qué tiene que ver tu fiesta de cumpleaños con una obra de teatro del siglo XVI?

Sigue las instrucciones:

1. Aquí en el sobre hay 13 tarjetas con información.
2. Lee las informaciones y combina las tarjetas.
3. ¿Dónde y cuándo es la fiesta de cumpleaños? Explica la relación entre las tarjetas y prepara un mapa mental. Usa símbolos, palabras clave etc.

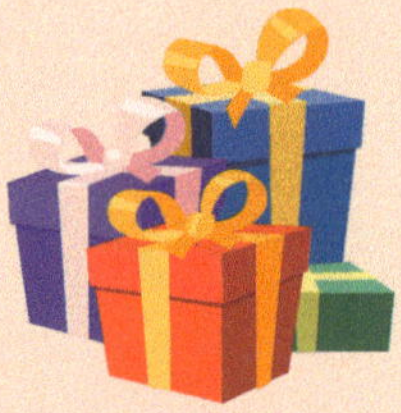

¡Te esperamos!
Tus amigos ☺

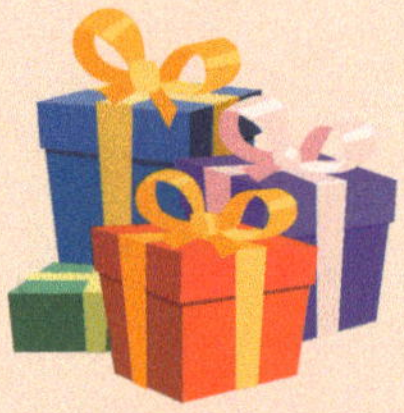

Vocabulario

la obra de teatro Theaterstück | **la tarjeta** Kärtchen | **el mapa mental** Mindmap | **la palabra clave** Schlüsselwort | **el siglo** Jahrhundert

¡Qué misterioso! (A2-B2)
ISBN 978-3-12-526826-5
Alles Digitale auf **allango.net**

Las tarjetas misteriosas (vista general)

KV 1.2

A

Recuerdos de mi fiesta
Lugar: ....
Hora: ....

B

Sigue las instrucciones de la abuela. Después tienes que pasar por un impresionante edificio, creado en el año 1905 sobre la muralla. Dentro se encuentran muchos tesoros. Lo pasas y subes por la calle Gibraltar, dirección a la Catedral Vieja.

C

La Celestina (tambien: Calixto y Melibea) es una obra de teatro española muy famosa. Es una tragicomedia del año 1507 que cuenta una historia de amor. El autor se llama Fernando de Rojas.

D

Te esperamos a la hora a la que suenen las campanas de la Catedral Vieja.

E

El Puente Romano

F

¡Hola Fernando! Entre la Catedral Vieja y la muralla, pasas por una pequeña plaza y ya estás delante del lugar donde te esperamos. 😀
Besitos, Alba

9:41

G

Las campanas de la Catedral Vieja siempre suenan a las seis de la tarde.

H

Una atracción turística: El Río Tormes

I

J

La casa Lis: un monumento con muchos tesoros

K

Tienes mucha curiosidad, ¿no? Bueno, desde tu casa en el barrio "Arrabal" tienes que seguir las huellas de los Romanos y cruzar por uno de los símbolos del escudo de la ciudad...

9:35

L

Te doy una clase de geografía: ¡Tienes que pasar por uno de los cuatro elementos, donde se reflejan las dos catedrales!

Las tarjetas misteriosas (vista general)

MAPA DE LA CIUDAD DE SALAMANCA

Las tarjetas misteriosas (para cortar)

A

Recuerdos de mi fiesta

Lugar: ....

Hora: ....

B

Sigue las instrucciones de la abuela. Después tienes que pasar por un impresionante edificio, creado en el año 1905 sobre la muralla. Dentro se encuentran muchos tesoros. Lo pasas y subes por la calle Gibraltar, dirección a la Catedral Vieja.

C

La Celestina (tambien: Calixto y Melibea) es una obra de teatro española muy famosa. Es una tragicomedia del año 1507 que cuenta una historia de amor. El autor se llama Fernando de Rojas.

D

Te esperamos a la hora a la que suenen las campanas de la Catedral Vieja.

E

El Puente Romano

F

¡Hola Fernando! Entre la Catedral Vieja y la muralla, pasas por una pequeña plaza y ya estás delante del lugar donde te esperamos. 😃
Besitos, Alba

9:41

Las tarjetas misteriosas (para cortar)

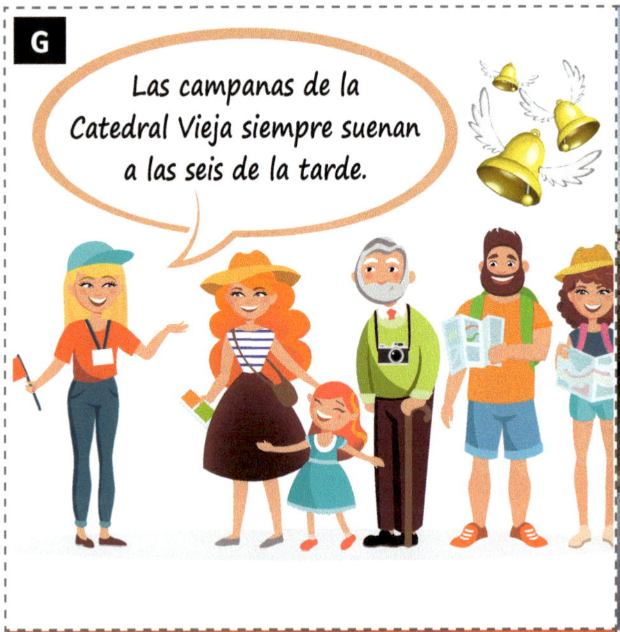
G
Las campanas de la Catedral Vieja siempre suenan a las seis de la tarde.

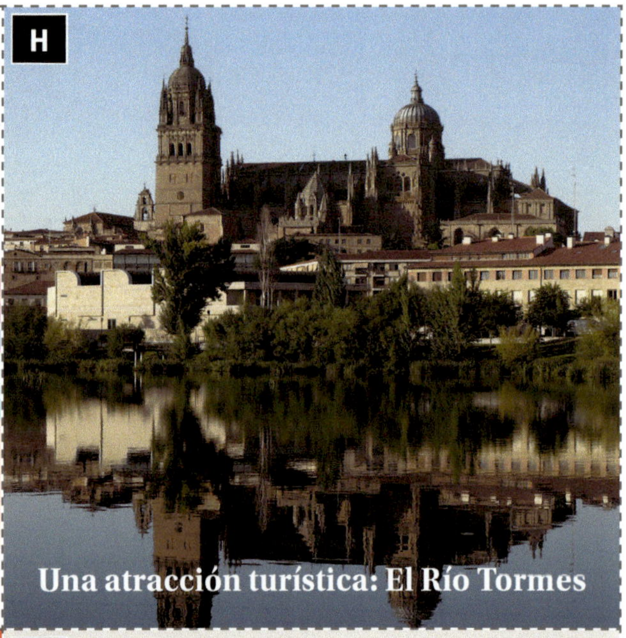
H
Una atracción turística: El Río Tormes

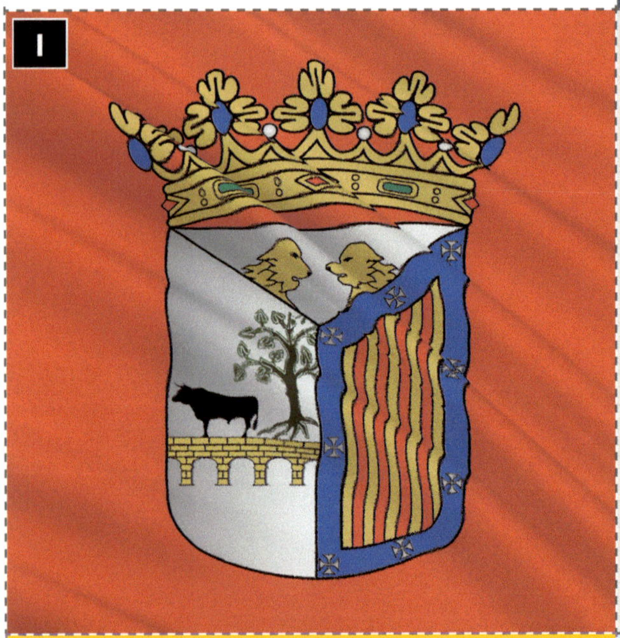
I

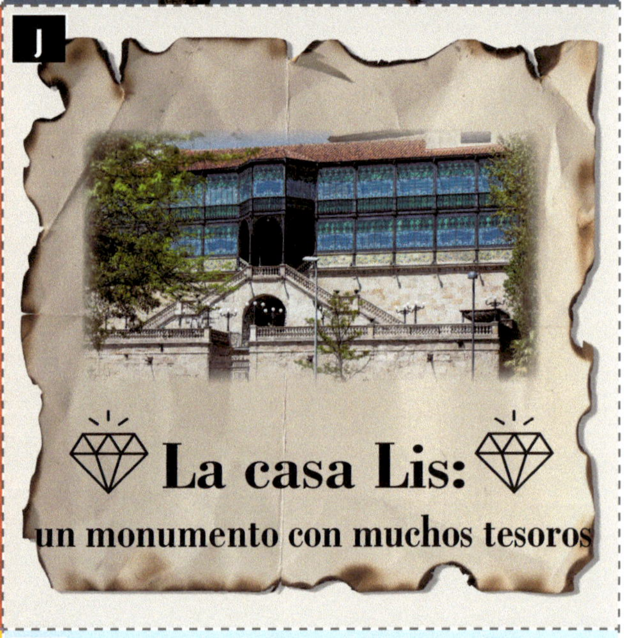
J
La casa Lis:
un monumento con muchos tesoros

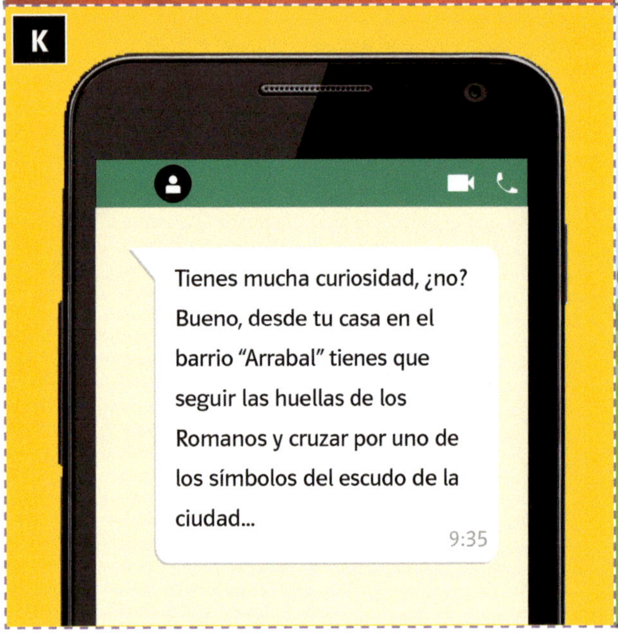
K
Tienes mucha curiosidad, ¿no? Bueno, desde tu casa en el barrio "Arrabal" tienes que seguir las huellas de los Romanos y cruzar por uno de los símbolos del escudo de la ciudad...
9:35

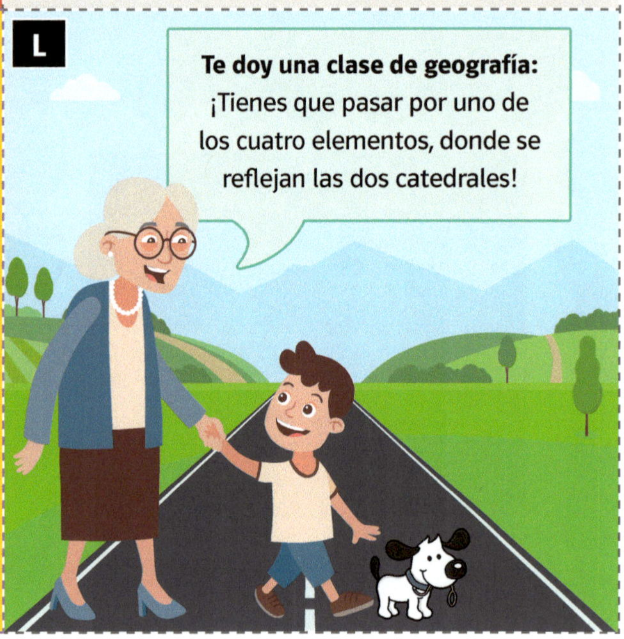
L
Te doy una clase de geografía:
¡Tienes que pasar por uno de los cuatro elementos, donde se reflejan las dos catedrales!

¡Qué misterioso! (A2-B2)
ISBN 978-3-12-526826-5
Alles Digitale auf allango.net

Las tarjetas misteriosas (para cortar)

MAPA DE LA CIUDAD DE SALAMANCA

M — KV 1.6

KV 1.7

Ayuda

1. Haz una lista con todas las atracciones turísticas y monumentos que encuentras en las tarjetas.

2. Toma el mapa de Salamanca (tarjeta M). Primero, marca las atracciones turísticas de tu lista. Después, mira las tarjetas otra vez y marca el camino en el mapa.

Material adicional

Otro país, otra tradición: ¿Sabías que...?

Tarea:
En la fiesta de cumpleaños de Fernando hay amigos de España y México que preparan actividades especiales para la fiesta.

1. Leed las tradiciones de los diferentes países.
2. ¿Qué tradición(es) os gusta(n)? Discutid en vuestro grupo.
3. Incluid una de las nuevas informaciones en vuestra presentación del póster (tarjeta N).

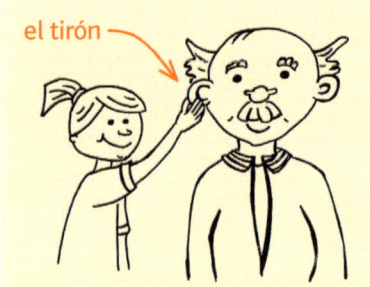
el tirón

Tirar de las orejas
En España en los cumpleaños es una tradición de tirar de las orejas al/a la cumpleañero/a. Un tirón por cada año cumplido.

Esta costumbre es muy antigua y viene del Oriente: Según su tradición, una oreja larga significa que una persona es inteligente. Por eso, la función de tirar de las orejas es desear al/ a la cumpleañero/a una larga vida y mucha inteligencia.

Canción: Cumpleaños feliz
La tradicional canción "Cumpleaños Feliz" está en el libro Guinness de los Récords. Es "la canción más popular del mundo" y tiene más de 120 años de edad.

Encontráis la canción online.

La melodía y la letra de la canción son de una maestra norteamericana de un jardín infantil. Actualmente existen muchas versiones de la canción.

La piñata
En México, en cada cumpleaños de niños hay piñatas de muchos colores. Son figuras de papel y cartón que combinan con el tema de la fiesta: superhéroes, princesas, dinosaurios etc. Dentro hay dulces, chocolates, juguetes pequeños y confeti.

Encontráis la canción online.

La piñata se cuelga en un lugar central de la fiesta. En turnos, los niños tratan de romper la piñata con un palo de madera para tener los dulces. A veces se tapan los ojos – símbolo de la fe ciega. Todos los niños cantan la canción: "Dale, dale, dale".

KV 1.8

N [Opcional: Incluid una de las nuevas informaciones en vuestra presentación del póster]

Mystery 2: Al Ándalus (A2)

Didaktisch-methodische Hinweise und Erwartungshorizont
El misterio de Al Ándalus. ¿Qué tiene que ver el Casco histórico de Córdoba con una jirafa?

Lernziele
Die Lerner erweitern ihre Kompetenzen im Bereich des sprachlichen und interkulturellen Lernens, indem sie erkennen, dass die Iberische Halbinsel geprägt ist von der fast 800 Jahre andauernden Herrschaft der Mauren im heutigen Andalusien, dem damaligen Al Ándalus. Das kulturelle Erbe der Araber in Bereichen wie Mathematik, Architektur und Sprache – um nur einige zu nennen – prägen den Alltag sowohl der Spanier als auch ihrer europäischen Nachbarn bis heute.
Die SuS erkennen, dass auf der Basis von gegenseitiger Toleranz das Zusammenleben unterschiedlicher Kulturen und Religionen in Al Ándalus möglich war. Städtebaulich finden sie hierfür im *Casco histórico* der Stadt Córdoba ein anschauliches Beispiel.

Unterrichtsmaterialien
KV WS, KV ROL und KV 2.1 – 2.8

Verlauf
Als Unterrichtseinstieg in das Mystery dient die Konversation zwischen den Geschwistern Fernando, Felipe und Isabel aus Madrid und ihren Großeltern Fátima und Abraham aus Córdoba (KV 2.1). Die Geschwister verstehen die Bezeichnung Al Ándalus nicht, die ihr Großvater für die Region *Andalucía* benutzt. Ihre Annahme, es handle sich hierbei sicher um etwas längst Vergangenes, wird von der Großmutter richtiggestellt, indem sie behauptet, Al Ándalus sei immer noch allgegenwärtig im Lebensalltag der Menschen. Um seine Enkel von dieser Tatsache zu überzeugen und ihnen die kulturhistorische Bedeutung des Begriffes Al Ándalus zu verdeutlichen, schlägt er den Kindern eine Stadtrallye durch Córdobas historisches Zentrum, den *Casco histórico*, vor. Dort sollen seine Enkel anhand dreier städtebaulicher Besonderheiten – dem *Zoco*, der Mezquita-Kathedrale und dem *Alcázar* – Antworten finden auf die Mysteryfrage: *¿Qué tiene que ver el Casco histórico de Córdoba con una jirafa?*
Die SuS finden sich in Gruppen zusammen, erhalten die Materialien (KV 2.2 – KV 2.6), bearbeiten die Aufgabenstellung und präsentieren im Anschluss ihre Ergebnisse. Zum Stundenabschluss bzw. als HA (KV 2.8) bietet es sich an, durch eine Namensrecherche die Zeit der Reconquista aufzugreifen.
Als **Differenzierung** (KV 2.7) lösen schnelle Gruppen eine Aufgabe zum arabischen Wortschatz im heutigen Spanisch. Die Lösung wird in der HA vertieft.

Differenzierung für schnelle Gruppen

Erwartungshorizont (Mysteryfrage)
Die SuS ordnen zunächst die Ankunft der Araber auf der Iberischen Halbinsel zeitlich ein (Kärtchen E) und verorten anschließend die geographische Ausdehnung der Region Al Ándalus (Kärtchen J, Kärtchen R). Sie erfahren, dass die islamische Invasion nach Spanien weitreichende kulturelle Folgen hatte: So weicht die lateinische Sprache der arabischen, die christliche Religion dem Islam, die Bibel

Mystery 2

dem Koran (Kärtchen H). Neben der Religion bringt die Herrschaft der Araber auch eine hochentwickelte Mathematik nach Spanien (Kärtchen Q). Dies impliziert u.a. die Ablösung der bis dato existierenden römischen Ziffern durch die arabischen (Kärtchen A). Die der Invasion geschuldeten sprachlichen Veränderungen prägen das gegenwärtige Spanisch mit einer Vielzahl an linguistischen Besonderheiten (Kärtchen D). Buchstaben, Buchstabenverbindungen sowie Wörter werden neu gebildet und phonetisch angepasst (Kärtchen D, Kärtchen K). Dieser Einfluss zeigt sich exemplarisch an dem Wort Giraffe (Kärtchen B). Bereits Julius Cäsar hatte während seiner Feldzüge in Kleinasien und Ägypten die Giraffe auf die Iberische Halbinsel gebracht (Kärtchen F). Ihr spektakuläres Aussehen stieß v.a. bei den Arabern auf Begeisterung und erhöhte ihren Bekanntheitsgrad in Europa (Kärtchen P).

Innerhalb des Territoriums von Al Ándalus überstrahlt dessen Hauptstadt Córdoba alle europäischen Städte an Reichtum und Luxus, sichtbar am historischen Zentrum, dem *Casco histórico* (Kärtchen L): Dieser vereint wirtschaftliche, religiöse und politische Macht, repräsentiert durch den ehemaligen Marktplatz *Zoco*, die *Mezquita-Catedral* und den einstigen Regierungssitz *Alcázar* (Kärtchen I, Kärtchen N, Kärtchen O). Gerade das historische Stadtzentrum Córdobas zeugt von unterschiedlichen Epochen und vom Zusammenleben verschiedener Kulturen und Religionen, die bis in die Gegenwart hineinwirken (Kärtchen J, Kärtchen M).

In einer Stadtführung lernen die SuS den *Casco histórico* aus der Zeit der Römer, Juden, Araber und Christen kennen. Ihre Tour beginnt im Herzstück des *Casco histórico*, dem Judenviertel *(Judería)* mit der Synagoge (Kärtchen G). Die geschichtlichen Informationen über den religiösen Mittelpunkt des *Casco histórico*, erklärt die Bezeichnung *Mezquita-Catedral* (Kärtchen C, Kärtchen N). Stellvertretend für den typisch muslimischen Charakter der Stadt war der Marktplatz *Zoco* – heute *Mercado de Artesanía* – von zentraler gesellschaftlicher und wirtschaftlicher Bedeutung (Kärtchen I). Des Weiteren wird in der Tour deutlich, dass der *Alcázar* (früher: *castra*, dann: *castillo*) zu Zeiten der Römer, Araber und Christen (nach der *Reconquista*) ein Symbol der politischen Macht darstellte (Kärtchen O).

Am Ende ihrer Stadtrallye haben die SuS ausreichend Informationen gesammelt, um in Kärtchen D, H und M den Schlüssel zur Frage *¿Qué tiene que ver el Casco histórico de Córdoba con una jirafa?* zu erkennen: Die 800-jährige Präsenz der Araber auf der Iberischen Halbinsel ist noch heute im *Casco histórico* Córdobas spürbar und u.a. in Architektur, Mathematik und Sprache lebendig, was sich am Beispiel der Giraffe zeigt.

Erwartungshorizont (Differenzierung)

¿Arabismo o no?									Número de arabismos
aceite	libro	cacao	porcelana	paraguas	novela	chef	cometa	menú	1
alfombra	tarta	azúcar	ojalá	perro	piano	almohada	córner	Cataluña	4
guitarra	ajedrez	aceituna	naranja	cero	arroz	jinete	algodón	jirafa	9
chofer	piloto	guacamole	carnaval	cóndor	azafrán	carta	Chile	limón	2

Solución: El año de la reconquista española es 1492.

Introducción al tema

KV 2.1

Los hermanos Fernando, Felipe e Isabel de Madrid visitan a sus abuelos Fátima y Abraham en Córdoba. Es el primer viaje de los chicos sin sus padres, y están muy contentos.

Abuelo Abraham: ¡Hola, chicos! ¡Qué alegría veros después de tanto tiempo! ¡Bienvenidos a la capital del Al Ándalus!

Fernando: ¿¿¿Qué???

Felipe: Abuelo, ¿qué dices? ¿Quieres decir "Andalucía"?

Abuelo Abraham: Sí. También se conoce como "Al Ándalus".

Isabel: Eso seguramente tiene que ver con el pasado, ¿no?

Abuela Fátima: No, Isabel, no sólo con el pasado, sino también con el presente.

Los hermanos se miran y no entienden nada.

Abuelo Abraham: A ver. Sé que os gustan los misterios. Por eso, ¡hacemos un rally de la ciudad – por el Casco histórico de Córdoba! Al final vais a saberlo todo sobre "Al Ándalus", pero solo si encontráis la respuesta a la pregunta: ¿Qué tiene que ver el Casco histórico de Córdoba con una jirafa?

Hermanos: ¡Qué divertido! ¡Somos buenos detectives!

Abuela Fátima: Para encontrar la solución tomad este sobre. En el sobre hay 18 tarjetas con información.
1. Leed las informaciones y combinad las tarjetas.
2. Explicad la relación entre las tarjetas y preparad un mapa mental. Usad símbolos, palabras clave etc.

Las tarjetas misteriosas (vista general)

A

La numeración que se utiliza hoy es la árabe:

1-2-3-4-5-6-7-8-9-10.

Con números arábicos se pueden hacer operaciones decimales, con los de los romanos (I-II-III-IV-V-VI-VII-VIII-IX-X) no. También el cero llega a Europa a través de los árabes.

la operación decimal Rechnung mit Dezimalzahlen

B

La jirafa

nombre árabe: "zarafa" = caminante rápido

altura: 6 m
peso: hasta 1600 kg
edad: hasta 25 años
territorio: África

C

La mezquita de Córdoba…

… está construida en 785 sobre los restos de una iglesia cristiana.

D

El castellano actual se distingue de las demás lenguas románicas por la importancia del elemento árabe: 1.300 palabras son de origen árabe.

Entre ellas 800 empiezan por el artículo „al" (o su contracción a-) o por consonantes de origen árabe: „z" (zeta) y „j" (jota). Ejemplos: jirafa, zapato.

E

En el año 711 el Imperio Islámico se extiende desde la India hasta el Norte de África. Luego, llegan a la Península Ibérica.

F

JULIO CÉSAR INTRODUCE LA PRIMERA JIRAFA EN EL AÑO 46 A.C. EN EUROPA TRAÍDA DE SUS CAMPAÑAS EN ASIA MENOR Y EGIPTO DONDE CONOCE A CLEOPATRA.

la campaña der Feldzug

G

Bienvenidos a nuestro tour por el Casco histórico de Córdoba. Es un ejemplo impresionante de nuestro pasado romano, musulmán, judío y cristiano. Ahora nos encontramos en el corazón del Casco histórico, en el barrio de la Judería. Allí vemos la sinagoga…

H

La invasión musulmana significa para la Península Hispánica un cambio cultural total:

lengua latina → lengua árabe
cristianismo → islam
Biblia → Corán

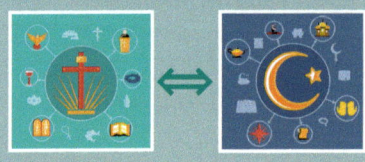

I

Córdoba tiene todas las características de una ciudad andalusí: Se nota en el Zoco – el antiguo mercado de la ciudad y punto de reunión e intercambio de productos.

Mirad, entre toda la artesanía también se venden naranjas, zanahorias, sandías y aceitunas. ¡Qué rico!

el punto de reunión der Treffpunkt

J

La fusión de la cultura islámica árabe con las culturas locales da paso a una sociedad nueva:

Tres religiones de un mismo origen, la del patriarca Abraham, conviven, cada una con su texto sagrado: los musulmanes con el Corán, los cristianos con la Biblia cristiana, los judíos con la Biblia hebrea. El territorio cambia su nombre y es "Al Ándalus".

dar paso Platz machen | **sagrado** heilig

K

Árabe	Castellano
naranjah	naranja
safunnarjah	zanahoria
sandiyya	sandía
az-zaytūna	aceituna

L

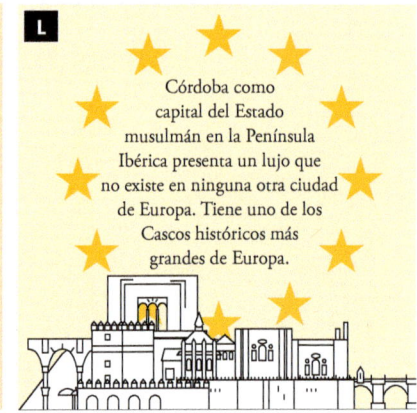

Córdoba como capital del Estado musulmán en la Península Ibérica presenta un lujo que no existe en ninguna otra ciudad de Europa. Tiene uno de los Cascos históricos más grandes de Europa.

Las tarjetas misteriosas (vista general)

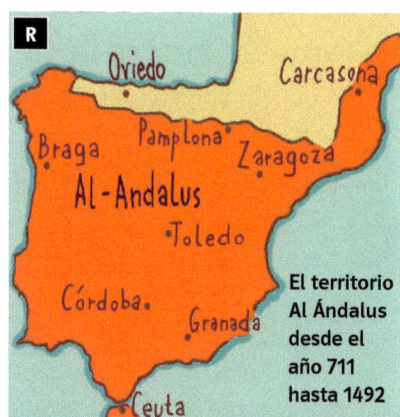

Las tarjetas misteriosas (para cortar)

A

La numeración que se utiliza hoy es la árabe:
1-2-3-4-5-6-7-8-9-10.

Con números arábicos se pueden hacer operaciones decimales, con los de los romanos (I-II-III-IV-V-VI-VII-VIII-IX-X) no. También el cero llega a Europa a través de los árabes.

la operación decimal Rechnung mit Dezimalzahlen

B

La jirafa
nombre árabe: "zarafa" = caminante rápido
altura: 6 m
peso: hasta 1600 kg
edad: hasta 25 años
territorio: África

C

La mezquita de Córdoba...

... está construida en 785 sobre los restos de una iglesia cristiana.

D

El castellano actual se distingue de las demás lenguas románicas por la importancia del elemento árabe: 1.300 palabras son de origen árabe.

Entre ellas 800 empiezan por el artículo „al" (o su contracción a-) o por consonantes de origen árabe: „z" (zeta) y „j" (jota). Ejemplos: jirafa, zapato.

E

En el año 711 el Imperio Islámico se extiende desde la India hasta el Norte de África. Luego, llegan a la Península Ibérica.

F

JULIO CÉSAR INTRODUCE LA PRIMERA JIRAFA EN EL AÑO 46 A.C. EN EUROPA TRAÍDA DE SUS CAMPAÑAS EN ASIA MENOR Y EGIPTO DONDE CONOCE A CLEOPATRA.

la campaña der Feldzug

Las tarjetas misteriosas (para cortar)

KV 2.5

G Bienvenidos a nuestro tour por el Casco histórico de Córdoba. Es un ejemplo impresionante de nuestro pasado romano, musulmán, judío y cristiano. Ahora nos encontramos en el corazón del Casco histórico, en el barrio de la Judería. Allí vemos la sinagoga…

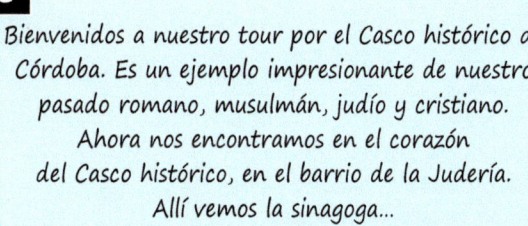

H La invasión musulmana significa para la Península Hispánica un cambio cultural total:

lengua latina → lengua árabe
cristianismo → islam
Biblia → Corán

I Córdoba tiene todas las características de una ciudad andalusí: Se nota en el Zoco – el antiguo mercado de la ciudad y punto de reunión e intercambio de productos.

Mirad, entre toda la artesanía también se venden naranjas, zanahorias, sandías y aceitunas. ¡Qué rico!

el punto de reunión der Treffpunkt

J La fusión de la cultura islámica árabe con las culturas locales da paso a una sociedad nueva:

Tres religiones de un mismo origen, la del patriarca Abraham, conviven, cada una con su texto sagrado: los musulmanes con el Corán, los cristianos con la Biblia cristiana, los judíos con la Biblia hebrea. El territorio cambia su nombre y es "Al Ándalus".

dar paso Platz machen | **sagrado** heilig

K

Árabe	Castellano
naranjah	naranja
safunnarjah	zanahoria
sandiyya	sandía
az-zaytūna	aceituna

L Córdoba como capital del Estado musulmán en la Península Ibérica presenta un lujo que no existe en ninguna otra ciudad de Europa. Tiene uno de los Cascos históricos más grandes de Europa.

Las tarjetas misteriosas (para cortar)

M

Un casco histórico acumula elementos de diversas épocas y de culturas pasadas que todavía tienen valor para el presente.

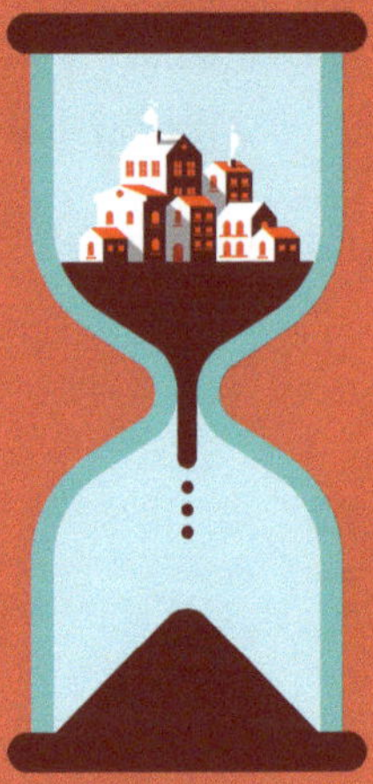

acumular vereinen

N

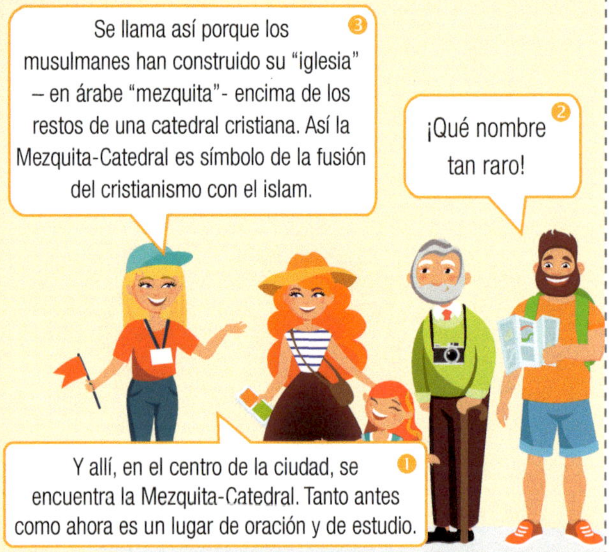
1 Y allí, en el centro de la ciudad, se encuentra la Mezquita-Catedral. Tanto antes como ahora es un lugar de oración y de estudio.
2 ¡Qué nombre tan raro!
3 Se llama así porque los musulmanes han construido su "iglesia" – en árabe "mezquita"- encima de los restos de una catedral cristiana. Así la Mezquita-Catedral es símbolo de la fusión del cristianismo con el islam.

O

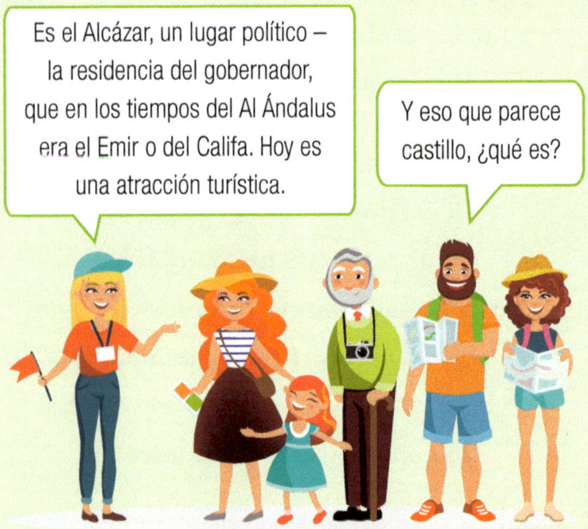
Y eso que parece castillo, ¿qué es?
Es el Alcázar, un lugar político – la residencia del gobernador, que en los tiempos del Al Ándalus era el Emir o del Califa. Hoy es una atracción turística.

P

Durante la Edad Media, los europeos solo conocen las jirafas mediante el contacto con los árabes, que adoran a la jirafa por su aspecto especial.

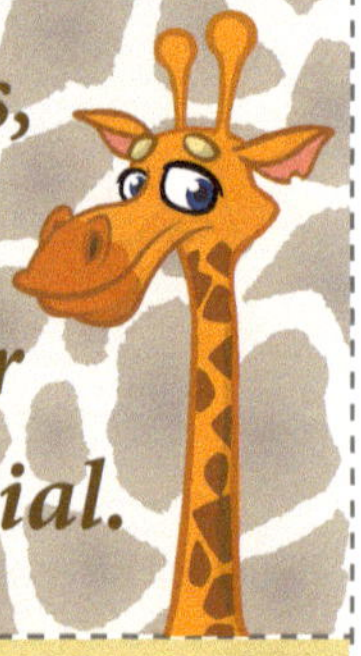

Q

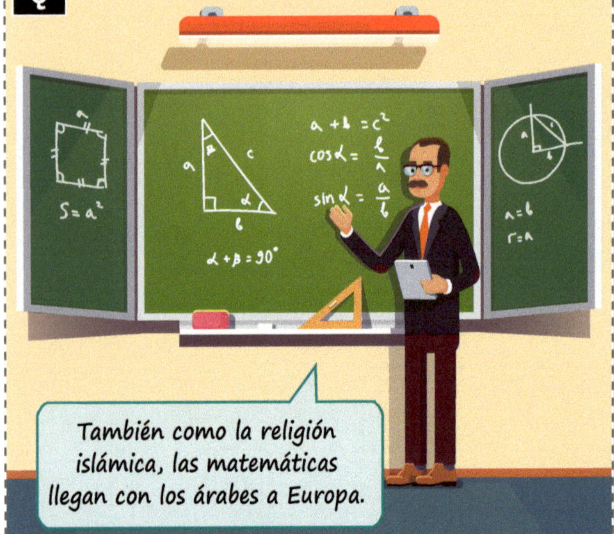
$a+b=c^2$
$\cos\alpha = \frac{b}{h}$
$\sin\alpha = \frac{a}{b}$
$\alpha+\beta=90°$
$S=a^2$
También como la religión islámica, las matemáticas llegan con los árabes a Europa.

R

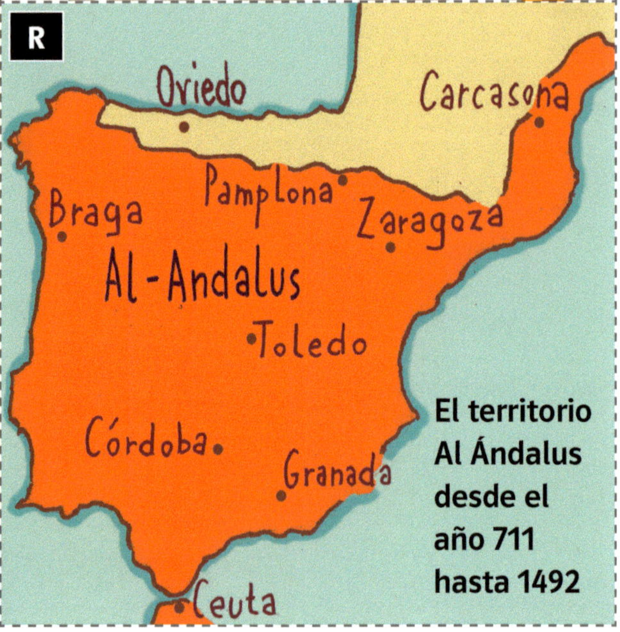
Oviedo
Carcasona
Braga
Pamplona
Zaragoza
Al-Andalus
Toledo
Córdoba
Granada
Ceuta

El territorio Al Ándalus desde el año 711 hasta 1492

¡Qué misterioso! (A2-B2)
ISBN 978-3-12-526826-5
Alles Digitale auf allango.net

Material adicional

En la lengua castellana hay varios arabismos que reflejan la presencia musulmana en España. Mira la tabla.
¿Los encuentras? Marca los arabismos en cada fila. Su número representa el año de la reconquista española.

KV 2.7

¿Arabismo o no?									Número de arabismos
aceite	libro	cacao	porcelana	paraguas	novela	chef	cometa	menú	
alfombra	tarta	azúcar	ojalá	perro	piano	almohada	córner	Cataluña	
guitarra	ajedrez	aceituna	naranja	cero	arroz	jinete	algodón	jirafa	
chofer	piloto	guacamole	carnaval	cóndor	azafrán	carta	Chile	limón	

Material adicional

KV 2.8

Deberes
Los nietos de Abraham y Fátima se llaman *Isabel*, *Felipe* y *Fernando*.
Investiga en Internet: ¿Qué importancia tienen estos nombres en la historia española?

Mystery 3: El día de los muertos en México (B1)

Didaktisch-methodische Hinweise und Erwartungshorizont
¡Recuérdame! ¿Qué tiene que ver el color naranja con los picnics nocturnos en cementerios mexicanos?

Lernziele
Die Lerner erweitern ihre Kompetenzen im Bereich des Sprechens und des interkulturellen Lernens, indem sie sich mit dem traditionellen mexikanischen Fest *El día de los muertos* auseinandersetzen. Sie erkennen die Symbolhaftigkeit der Farbe Orange als Wegweiser für den temporären Übergang der verstorbenen Seelen in die Welt der Lebenden und bringen die kulinarischen Opfergaben während der nächtlichen Totenwache auf dem Friedhof in Verbindung mit dem rituellen Gedenken an die Verstorbenen.

Unterrichtsmaterialien
KV WS, KV ROL und KV 3.1 – 3.8

Verlauf
Als Einstieg in das Mystery eignet sich der Comic über Lea, ihre Familie und den mexikanischen Austauschschüler Diego, die sich über die (kulturelle) Bedeutung von Farben austauschen (KV 3.1). Die SuS werden in die Rahmenhandlung integriert, indem sie von Lea aufgefordert werden, ebenfalls ihre Assoziationen zu bestimmten Farben nennen, wobei die Farbe Orange im Mittelpunkt steht. Nach dem Austausch im Plenum falten die SuS auf Aufforderung der L das (abgeknickt ausgeteilte) AB auf und lesen Diegos Meinung zur Farbe Orange durch, die durch seine mexikanische Herkunft geprägt ist. Er verbindet die Farbe Orange mit einem Mitternachtspicknick auf mexikanischen Friedhöfen. Diese Zuordnung stößt bei Lea auf Unverständnis und leitet gleichermaßen in die Mysteryfrage über: *¿Qué tiene que ver el color naranja con los picnics nocturnos en cementerios mexicanos?*

Um die Mysteryfrage zu lösen und für Lea verständlich zu machen, finden sich die SuS in Gruppen zusammen, erhalten die Materialien (KV 3.2 – KV 3.7), bearbeiten die Aufgabenstellung und präsentieren im Anschluss ihre Ergebnisse, die sie zusammenfassend in das Kärtchen Q eintragen.

Stundenabschluss Als Stundenabschluss bietet es sich an, die SuS nach ihrer Meinung zum *Día de los muertos* zu fragen und begründen zu lassen, ob sie ihn gerne miterleben würden. Vertiefend kann im Plenum überlegt werden, wie den Verstorbenen in Deutschland und in anderen Ländern gedacht wird und welche Rolle – abhängig vom jeweiligen Kulturkreis – bestimmte Farben dabei spielen (z. B. Schwarz als Zeichen von Trauer). Ein weiterer Tipp ist die Auseinandersetzung mit dem Lied Recuérdame von Carlos Rivera aus dem Animationsfilm Coco – Lebendiger als das Leben (2017).

Als **Differenzierung** ist für schnelle Gruppen ein Arbeitsblatt (KV 3.8) zum Thema *alebrijes* vorgesehen. Ausgehend von einer Auswahl an Bildimpulsen und Schlagwörter bilden die SuS Hypothesen zur Bedeutung von *alebrijes* und überprüfen diese mit Hilfe eines Informationstextes durch das Aufklappen des Arbeitsblatts. Basierend auf den Zusatzinformationen diskutieren die SuS über die Bedeutung von *alebrijes* im Kontext des *Día de los Muertos* und werden dazu aufgefordert, auf ihrem Poster einen eigenen *alebrije* für die Gruppe zu entwerfen.

Differenzierung für schnelle Gruppen

Erwartungshorizont (Mysteryfrage)

Die SuS erarbeiten, dass der *Día de los Muertos* in Mexiko in Gedenken an die Toten gefeiert wird. Die Farbe Orange, repräsentiert durch die farb- und geruchsintensive Blume *Tzempaxuchitl* (Kärtchen D), soll den Seelen den Weg in die Welt der Lebenden weisen (Kärtchen D, G, H, L und N). Mit Beginn der Nacht vom 1. auf den 2. November finden die Hinterbliebenen auf dem Friedhof zusammen, um ihren Angehörigen zu gedenken (Kärtchen B, C und K): Sie schmücken die Altäre, stellen Fotos der Verstorbenen auf, zünden Kerzen an (Kärtchen M, Kärtchen P) und bringen für diesen Tag typisches Essen und Getränke mit (z. B. *Pan de muerto*, *calaveritas*) (Kärtchen E, I und P). Letztere dienen nicht nur als Dekoration, sondern werden auch vor Ort verspeist. Der *Día de los Muertos* ist kein trauriger Tag, sondern ein freudiger, der von stimmungsvoller Musik (Kärtchen O) begleitet wird und bei dem es darum geht, mit anderen zusammenzukommen, zu feiern, der (Präsenz der) Verstorbenen zu gedenken und den Tod als natürlichen Teil des Lebens wahrzunehmen (Kärtchen A).

Introducción al tema

Este es Diego, un chico mexicano que está de intercambio en Alemania. Su "hermana" alemana, Lea, acaba de aprender los colores en la clase de español. Su tarea para la casa es hacer una mini-encuesta sobre el significado de los colores. En la cena cuando toda la familia está junta, empieza con sus preguntas.

(doblar aquí)

Introducción al tema

Para encontrar una explicación, seguid las instrucciones:

KV 3.2

Tarea
1. Aquí en el sobre ✉ hay 16 tarjetas con más información.
2. Leed la información, ordenad las tarjetas y combinadlas.
3. En grupos, explicad la relación entre las tarjetas y preparad un mapa mental. Usad símbolos, palabras clave etc.
4. Presentad vuestros resultados en clase.

Las tarjetas misteriosas (vista general)

A — **El círculo de la vida**

"La muerte, [...] no se enuncia como una ausencia ni como una falta; por el contrario, es concebida como una nueva etapa: el muerto viene, camina y observa el altar, percibe, huele, prueba, escucha. No es un ser ajeno, sino una presencia viva. La metáfora de la vida misma se cuenta en un altar, y se entiende a la muerte como un renacer constante, como un proceso infinito que nos hace comprender que los que hoy estamos ofreciendo seremos mañana invitados a la fiesta."

© La ciencia y el hombre. P.B. Denis Rodríguez, A. Hermida Moreno, J. Huesca Méndez. 2012.

B

El Día de los Muertos es una celebración tradicional mexicana que se realiza el 2 de noviembre complementando el Día de los Santos. Desde 2008 el ritual es Patrimonio Cultural Inmaterial de la Humanidad.

el Día de los Santos Allerheiligen

C

D

Tzempaxuchitl, también conocida como Cempasúchil o "flor de muertos", es la flor más usada en el día de los muertos.

E

El pan de muerto es el alimento más tradicional en el Día de los Muertos. Tiene la forma de figuras fantásticas o humanas. Los panes recuerdan a un cráneo con huesos como una cruz. Su forma circular representa el ciclo de la vida y de la muerte. Son ofrendas para los dioses aztecas.

Fuente: www.fotografiandomexico.com

F

La foto del difunto se sitúa en la parte de arriba del altar. Se pone de espaldas, y delante de ella se pone un espejo. De este modo, el familiar fallecido podrá ver a sus deudos reflejados y estos verán solo a la persona muerta."

G

En noviembre, el color naranja abre caminos al alma donde generalmente no hay acceso. Solo hay que seguir las huellas.

H — **Lección botánica**

... Se dice que su fuerte y desagradable olor representa la muerte. Otros piensan que este aroma ayuda a los difuntos a llegar al festival con sus seres queridos el Día de los Muertos.

I

Elementos de las ofrendas para las almas de los difuntos

- Fotografías de los difuntos
- Incienso
- Velas
- Bebidas favoritas de los difuntos y agua
- Flor de cempasúchil
- Calaveritas (de azúcar, chocolate o amaranto)
- Pan de muerto

J

La Conmemoración a los Fieles Difuntos, generalmente llamado Día de los Muertos es de origen centroamericano. Se celebra para honrar a los difuntos: mostrar el amor y el respeto hacia los miembros familiares que ya han muerto.

K

Algo tradicional es ir a los cementerios a 'velar', pasando la noche del 1 al 2 de noviembre cerca de las tumbas orando, cantando y recordando la vida del difunto.

L

Ya desde antes de que llagaran los españoles a tierras americanas, por su simbolismo, la flor cempasúchil ha sido un elemento esencial en la celebración del Día de los Muertos [...]. Los caminos hacia el altar se decoran con sus pétalos luminosos.

Fuente: The Press-Enterprise/Olga Rojas

Las tarjetas misteriosas (vista general)

KV 3.4

EXISTE UNA FLOR QUE DA VIDA A LOS MUERTOS Y SIRVE COMO GUÍA ILUMINANTE.

Esta fecha es „para visitar, relajarse y celebrar. Además de las ofrendas, las familias y amigos llevan comida y bebida a los cementerios para compartir entre ellos y conversar. Bandas de mariachi van a los cementerios a tocar y los vendedores van a ponerse en las entradas para vender comida y bebida adicionales. Algunas comidas tradicionales que se comen en este día son el pan de muerto y las calaveritas de dulce."

©www.ehowenespanol.com. Karen Smith. 2017

Las calaveras son distribuidas en todo el altar y pueden ser de azúcar, barro o yeso, con adornos de colores; se les considera una alusión a la muerte y recuerdan que esta siempre se encuentra presente.

¡Ahora entiendo! (escribid vuestra solución aquí)

Las tarjetas misteriosas (para cortar)

A — El círculo de la vida

"La muerte, […] no se enuncia como una ausencia ni como una falta; por el contrario, es concebida como una nueva etapa: el muerto viene, camina y observa el altar, percibe, huele, prueba, escucha. No es un ser ajeno, sino una presencia viva. La metáfora de la vida misma se cuenta en un altar, y se entiende a la muerte como un renacer constante, como un proceso infinito que nos hace comprender que los que hoy estamos ofreciendo seremos mañana invitados a la fiesta."

© La ciencia y el hombre. P.B. Denis Rodríguez, A. Hermida Moreno, J. Huesca Méndez. 2012.

B

El Día de los Muertos es una celebración tradicional mexicana que se realiza el 2 de noviembre complementando el Día de los Santos. Desde 2008 el ritual es Patrimonio Cultural Inmaterial de la Humanidad.

el Día de los Santos Allerheiligen

C

D

Tzempaxuchitl, también conocida como Cempasúchil o "flor de muertos", es la flor más usada en el día de los muertos.

E

El pan de muerto es el alimento más tradicional en el Día de los Muertos. Tiene la forma de figuras fantásticas o humanas. Los panes recuerdan a un cráneo con huesos como una cruz. Su forma circular representa el ciclo de la vida y de la muerte. Son ofrendas para los dioses aztecas.

Fuente: www.fotografiandomexico.com

F

La foto del difunto se sitúa en la parte de arriba del altar. Se pone de espaldas, y delante de ella se pone un espejo. De este modo, el familiar fallecido podrá ver a sus deudos reflejados y estos verán solo a la persona muerta."

Las tarjetas misteriosas (para cortar)

G

En noviembre, el color naranja abre caminos al alma donde generalmente no hay acceso. Solo hay que seguir las huellas.

H ## Lección botánica

… Se dice que su fuerte y desagradable olor representa la muerte. Otros piensan que este aroma ayuda a los difuntos a llegar al festival con sus seres queridos el Día de los Muertos.

I

Elementos de las ofrendas para las almas de los difuntos

- Fotografías de los difuntos
- Incienso
- Velas
- Bebidas favoritas de los difuntos y agua
- Flor de cempasúchil
- Calaveritas (de azúcar, chocolate o amaranto)
- Pan de muerto

J

La Conmemoración a los Fieles Difuntos, generalmente llamado Día de los Muertos es de origen centroamericano. Se celebra para honrar a los difuntos: mostrar el amor y el respeto hacia los miembros familiares que ya han muerto.

K

Algo tradicional es ir a los cementerios a 'velar', pasando la noche del 1 al 2 de noviembre cerca de las tumbas orando, cantando y recordando la vida del difunto.

L

Ya desde antes de que llagaran los españoles a tierras americanas, por su simbolismo, la flor cempasúchil ha sido un elemento esencial en la celebración del Día de los Muertos […]. Los caminos hacia el altar se decoran con sus pétalos luminosos.

Fuente: The Press-Enterprise/Olga Rojas

Las tarjetas misteriosas (para cortar)

M

N

EXISTE UNA FLOR QUE DA VIDA A LOS MUERTOS Y SIRVE COMO GUÍA ILUMINANTE.

O

Esta fecha es „para visitar, relajarse y celebrar. Además de las ofrendas, las familias y amigos llevan comida y bebida a los cementerios para compartir entre ellos y conversar. Bandas de mariachi van a los cementerios a tocar y los vendedores van a ponerse en las entradas para vender comida y bebida adicionales. Algunas comidas tradicionales que se comen en este día son el pan de muerto y las calaveritas de dulce."

©www.ehowenespanol.com. Karen Smith. 2017

P

Las calaveras son distribuidas en todo el altar y pueden ser de azúcar, barro o yeso, con adornos de colores; se les considera una alusión a la muerte y recuerdan que esta siempre se encuentra presente.

Q

¡Ahora entiendo! (escribid vuestra solución aquí)

Material adicional

KV 3.8

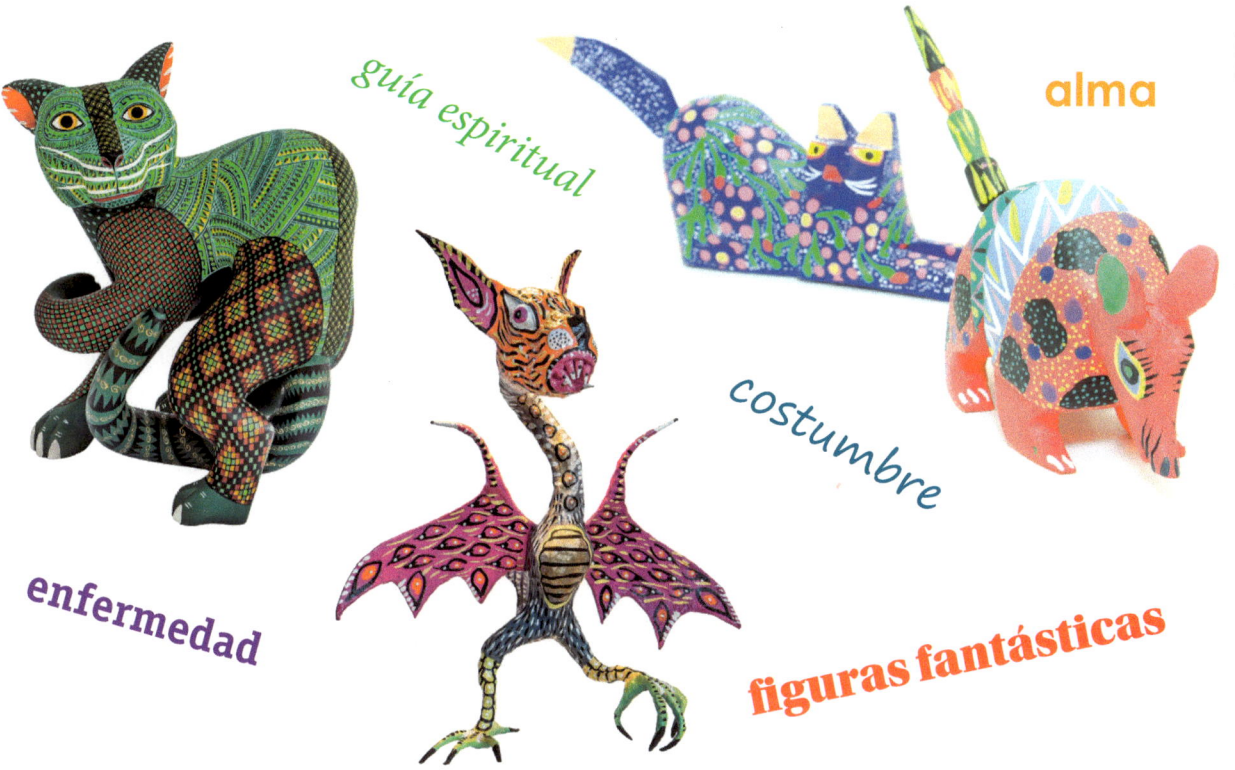

guía espiritual · *alma* · *costumbre* · *figuras fantásticas* · *enfermedad*

Tareas
1. En las fotos se ven "alebrijes". ¿Qué son y cuál es su función? Formulad hipótesis. Las palabras clave os ayudan.
2. Verificad vuestra hipótesis leyendo el texto sobre los alebrijes. Incluid una de las nuevas informaciones que combina con vuestra presentación del póster.

·· abrir aquí para ver la solución ··

Alebrijes

Alebrijes son artesanías mexicanas muy populares. Se trata de figuras fantásticas que combinan elementos de varios animales – reales y también imaginarios. Los alebrijes están pintados de colores vivos.
Hay dos formas de hacer alebrijes: O, igual que las piñatas, de cartón, o de madera del árbol copal. La aromática corteza de este árbol se quema en las ofrendas del Día de los Muertos.
Los alebrijes, también conocidos como "nahuales" sirven como guías espirituales que protegen y guían a cada persona durante toda su vida. De esta manera los alebrijes para el ser humano son su vínculo con lo sagrado.
La palabra alebrije fue creada por el artista mexicano Pedro Linares López (1906–1992) como producto de una enfermedad. Sufriendo de una altísima fiebre, sus sueños lo llevaban a un místico y bello lugar donde no sentía dolor. Allí veía animales exóticos, como por ejemplo un burro con alas de mariposa, un gallo con cuernos de toro y un león con cabeza de perro. Todos estos seres mágicos le gritaban: "¡Alebrije! ¡Alebrije! ¡Alebrije!"
Probablemente esta palabra del subconsciente del enfermo es una combinación de las tres palabras „**ale**gría" (pues en su delirio no sentía dolor), „**br**uja" (por lo mágico dentro del sueño) y „emb**ije**" (palabra por un color rojo muy intenso).
Hoy en día es muy común regalarse un alebrije como es considerado de buena suerte.

Extra:
1. Ahora que sabéis más sobre los alebrijes, discutid: ¿Qué os parecen en el contexto del Día de los Muertos?
2. ¡Imaginad un alebrije para vuestro grupo y dibujadlo en el póster!

Vocabulario

el árbol copal der Kopalbaum | **la corteza** die Rinde | **quemar** verbrennen | **el vínculo con lo sagrado** die Verbindung zum Heiligen | **las alas** die Flügel | **el gallo** der Hahn | **el cuerno** das Horn | **el subconsciente** das Unterbewusstsein | **la bruja** die Hexe

Mystery 4

Mystery 4: La conquista de América (B1)

Didaktisch-methodische Hinweise und Erwartungshorizont
La leyenda del chocolate: ¡La culpa la tiene ella! ¿Qué tiene que ver la leyenda del chocolate con la caída del imperio azteca?

Lernziele
Die SuS erweitern ihre Kompetenzen im Bereich des interkulturellen Lernens, indem sie die aztekische Leyenda del chocolate rekonstruieren, deren soziokulturelle Bedeutung für die friedliche Erstbegegnung zwischen Moctezuma und Hernán Cortés herausarbeiten und sie mit dem Untergang des Aztekenreichs in Verbindung bringen

Unterrichtsmaterialien
KV WS, KV ROL und KV 4.1 – 4.6

Verlauf

Das Rezept finden Sie online.

Als Unterrichtseinstieg dient zunächst die Konversation zwischen einer mexikanischen Oma und ihren Enkeln über Kakao und den Untergang des Aztekenreichs (KV 4.1). Um einen möglichst affektiven und motivierenden Zugang zu gewähren, bereitet die L im Vorfeld ein Kakaogetränk nach aztekischer Rezeptur vor, das die SuS im Rahmen des Einstiegsdialogs kosten. Der bittere Geschmack des Kakaos und die Anspielung der Oma auf die *Leyenda del chocolate* als Schuldigen für das „bittere" Schicksal ihrer aztekischen Vorfahren sollen die Neugierde und das Interesse der SuS wecken, die Mysteryfrage *¿Qué tiene que ver la leyenda del chocolate con la caída del imperio azteca?* zu lösen.

Hierfür finden sich die SuS in Gruppen zusammen, erhalten die Materialien (KV WS, KV ROL, KV 4.2 – KV 4.5), bearbeiten die Aufgabenstellung und präsentieren im Anschluss ihre Ergebnisse, die sie zusammenfassend in das Kärtchen M *nuestra solución* eintragen.

Am Stundenende wird das Gespräch zwischen der Oma und ihren Enkeln wieder aufgegriffen und fortgeführt: Unter Rückbezug auf die *Leyenda del chocolate* bilden die SuS in einem Blitzlicht Hypothesen zur darin enthaltenen Metapher der *semilla* (Kärtchen G) und erarbeiten deren Bedeutung vertiefend in der HA (unterer Teil von KV 4.1). Hier kann Bezug auf Krankheiten, Gegenstände (z. B. Spiegel), Tiere (z. B. Pferde), Religion o. ä. genommen werden.

Differenzierung für schnellere SuS

Als Differenzierung erhalten schnelle Gruppen ein Bild von der Erstbegegnung zwischen Moctezuma und Hernán Cortés (KV 4.6), das sie in einem Minidialog versprachlichen und in ihre Präsentation integrieren können.

Erwartungshorizont (Mysteryfrage)

Die SuS erarbeiten im Rahmen des Mysterys die aztekische *Leyenda del chocolate*[1] und übertragen ihre soziokulturelle Bedeutung auf die historisch zunächst friedlich verlaufende Erstbegegnung zwischen Moctezuma, dem Herrscher über das Aztekenreich, und dem Eroberer Hernán Cortés, die zu einer folgenreichen Verwechslung führte: Die Ankunft des Spaniers Cortés wurde anfangs fälschlicherweise als Rückkehr des Gottes Quetzalcóatl gedeutet und leitete den allmählichen Untergang des Aztekenreichs ein.

Grund für die Verwechslung ist, dass der Gott Quetzalcóatl gemäß der Legende den Menschen die Kakaopflanze aus dem Garten der Götter geschenkt hat (Kärtchen I). Als Rache töteten sie seine Frau, woraufhin er die Menschen verließ und mit einem Schiff gen Osten reiste – jedoch mit dem Versprechen, eines Tages zurückzukehren (Kärtchen G).

Gemäß einer priesterlichen Prophezeiung gingen die Azteken davon aus, dass außergewöhnliche Naturphänomene die Rückkehr Quetzalcóatls begleiten bzw. ankündigen (Kärtchen E, Kärtchen L). Auch Moctezuma glaubte an die Prophezeiung (Kärtchen A).

Die Person, die im Jahr 1519 in Mexiko ankam, erwies sich allerdings nicht als der erwartete Gott Quetzalcóatl, sondern als der spanische Eroberer Hernán Cortés. Neben der Legende und der Prophezeiung spielt auch die Himmelsrichtung Osten eine wichtige Rolle (Kärtchen F): Quetzalcóatl verließ die Menschen gen Osten (Kärtchen G) und Cortés reiste aus dem Osten an (Kärtchen D).

Vor diesem Hintergrund dient das Bild der Erstbegegnung zwischen Moctezuma und Cortés (Kärtchen B) als Bindeglied zwischen der Legende und den weiteren Textinformationen: Cortés wird mit einer feurigen Schlange dargestellt – eine Erscheinungsform, die laut aztekischem Glauben Quetzalcóatl zugeschrieben wird, der als gefiederte Schlange bekannt ist (Kärtchen J). Das Symbol der Schlange ist folglich Sinnbild für die Verwechslung der beiden Männer. Infolge der Verwechslung wurde Cortés von den Azteken wie ein Gott empfangen: mit wertvollen Geschenken und dem heiligen Nahrungsmittel, der Schokolade, die seinerzeit nur dem aztekischen Herrscher und der noblen Oberschicht zustand (Kärtchen C).

---

[1] Prinzipiell gibt es von der *Leyenda del chocolate* verschiedene, inhaltlich leicht divergierende Versionen. Anders als die vorliegende Version bei der Quetzalcóatl die Menschen aus Trauer um seine Frau verlässt, besagt eine andere Überlieferung, dass Quetzalcóatl nach dem Raub der Kakaopflanze von den Göttern überlistet und vertrieben wurde bzw. dass er aus Scham floh.

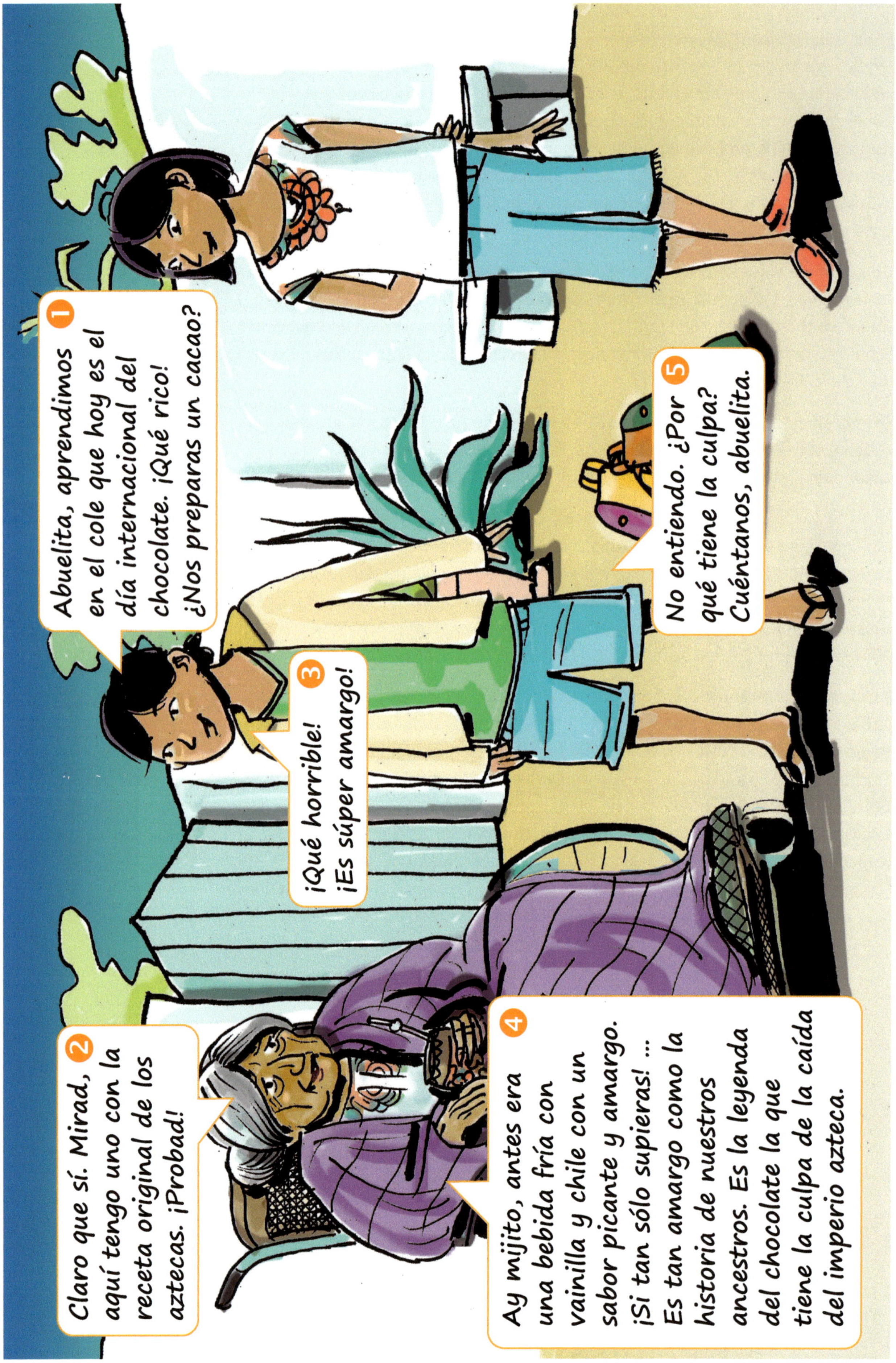

Introducción al tema

Introducción al tema

La leyenda del chocolate: ¡La culpa la tiene ella!

Los aztecas, un pueblo guerrero, culto y avanzado de cientos de miles habitantes, recibió al conquistador Hernán Cortés y a su tropa de unos 400 hombres en el año 1519 con los brazos abiertos – sin saber que este primer encuentro iba a causar la caída del imperio azteca. ¿Por qué sucedió esto?
Explicad el rol de la leyenda en este contexto.

Tarea:
1. Leed individualmente las tarjetas.
2. En grupos, ordenad todas las tarjetas según el contenido de la historia hasta llegar a la solución.
3. Explicad cómo están relacionadas las informaciones. Preparad un esquema (pegad las informaciones en un póster). Podéis notar palabras clave y/o símbolos.
4. Presentad vuestro resultado en clase.

KV 4.2

Material adicional

DEBERES

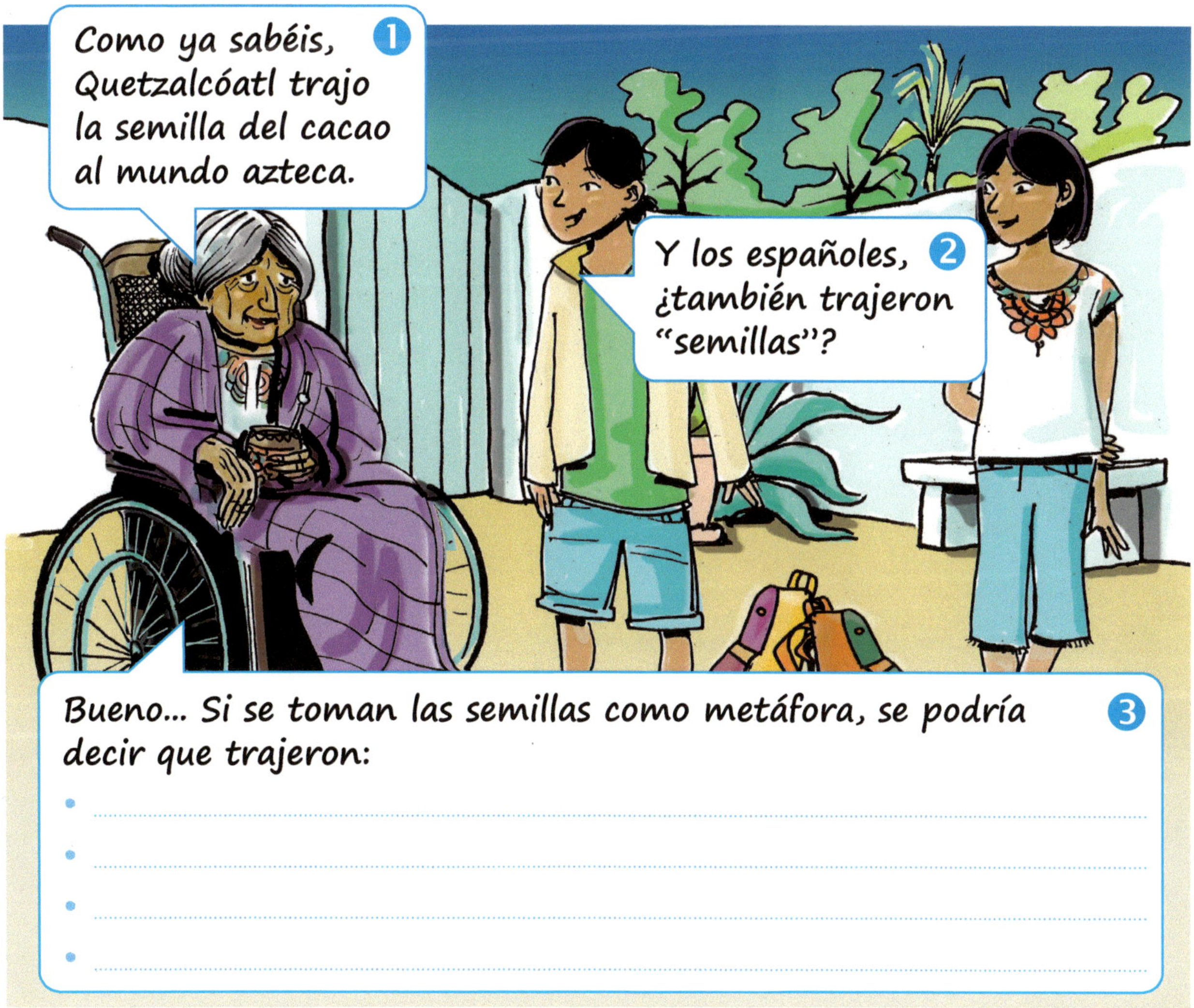

❶ Como ya sabéis, Quetzalcóatl trajo la semilla del cacao al mundo azteca.

❷ Y los españoles, ¿también trajeron "semillas"?

❸ Bueno... Si se toman las semillas como metáfora, se podría decir que trajeron:

- ....
- ....
- ....
- ....

Las tarjetas misteriosas (vista general)

A Moctezuma era un emperador autoritario y supersticioso. Se dejaba guiar en todas sus acciones por las observaciones en la naturaleza interpretados por los sacerdotes.

supersticioso/a abergläubig

B

C Para los antiguos aztecas, el chocolate era un alimento sagrado. Estaba reservado para el emperador y los nobles.

el alimento das Nahrungsmittel

D Hernán Cortés, un conquistador español, salió de Cuba y llegó a México en el año 1519.

E Según la profecía del calendario azteca fenómenos de la naturaleza indican el regreso de Quetzalcóatl.

F ¿Qué rol juega el este para el encuentro entre Moctezuma y Cortés?

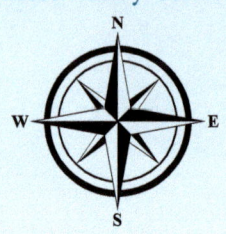

G Después de la muerte de su mujer, Quetzalcóatl tomó una barca y se marchó hacia el este, con la promesa de que un día regresaría. Cuando lo haga, quién sabe qué nuevas semillas traerá del jardín de los dioses.

H La sociedad azteca

Moctezuma / Sacerdotes / Nobles / Pueblo / Esclavos

el sacerdote der Priester

I Según una leyenda azteca había sido el propio dios Quetzalcóatl quién había robado la planta del cacao del jardín de los dioses para regalársela a los seres humanos. Pero cuando los dioses se dieron cuenta, mataron a su mujer para vengarse de él. Su sangre regó el suelo y justo allí nació un árbol de cacao. Desde entonces, las semillas de esta planta tienen un sabor amargo, por el sufrimiento de la princesa y su color que es oscuro como la sangre.

regar gießen

J Los aztecas tenían varios dioses. Uno de los más importantes era el gran Quetzalcóatl, dios del viento y de la luna, también conocido como la serpiente emplumada.

emplumado/a gefiedert

K En su primer encuentro, Moctezuma regaló sus objetos más valiosos: oro, joyas, plumas, chocolate y otros alimentos a Cortés.

¿Por qué?

la joya der Schmuck

L ¡El tiempo está loco! Según la profecía...

M

Nuestra solución

Ahora entiendo. La leyenda del chocolate tiene la culpa de la caída del imperio azteca porque...

Las tarjetas misteriosas (para cortar)

A

Moctezuma era un emperador autoritario y supersticioso. Se dejaba guiar en todas sus acciones por las observaciones en la naturaleza interpretados por los sacerdotes.

supersticioso/a abergläubig

B

C

Para los antiguos aztecas, el chocolate era un alimento sagrado. Estaba reservado para el emperador y los nobles.

el alimento das Nahrungsmittel

D

Hernán Cortés, un conquistador español, salió de Cuba y llegó a México en el año 1519.

E

Según la profecía del calendario azteca fenómenos de la naturaleza indican el regreso de Quetzalcóatl.

F

¿Qué rol juega el este para el encuentro entre Moctezuma y Cortés?

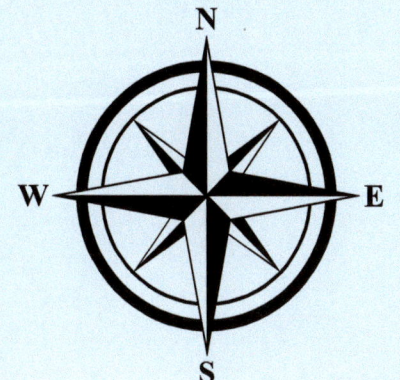

Las tarjetas misteriosas (para cortar)

G

Después de la muerte de su mujer, Quetzalcóatl tomó una barca y se marchó hacia el este, con la promesa de que un día regresaría. Cuando lo haga, quién sabe qué nuevas semillas traerá del jardín de los dioses.

H

La sociedad azteca

el sacerdote der Priester

I

Según una leyenda azteca había sido el propio dios Quetzalcóatl quién había robado la planta del cacao del jardín de los dioses para regalársela a los seres humanos. Pero cuando los dioses se dieron cuenta, mataron a su mujer para vengarse de él. Su sangre regó el suelo y justo allí nació un árbol de cacao. Desde entonces, las semillas de esta planta tienen un sabor amargo, por el sufrimiento de la princesa y su color que es oscuro como la sangre.

regar gießen

J

Los aztecas tenían varios dioses. Uno de los más importantes era el gran Quetzalcóatl, dios del viento y de la luna, también conocido como la serpiente emplumada.

emplumado/a gefiedert

K

En su primer encuentro, Moctezuma regaló sus objetos más valiosos: oro, joyas, plumas, chocolate y otros alimentos a Cortés.

¿Por qué?

la joya der Schmuck

L

¡El tiempo está loco! Según la profecía…

Las tarjetas misteriosas (para cortar)

KV 4.5B

M

Nuestra solución
Ahora entiendo. La leyenda del chocolate tiene la culpa de la caída del imperio azteca porque…

Material adicional

1519: El primer encuentro entre Moctezuma y Hermán Cortés

¿Cómo te imaginas el primer encuentro entre Moctezuma y Hermán Cortés? ¿Qué piensan y qué dicen? Inventa un diálogo.

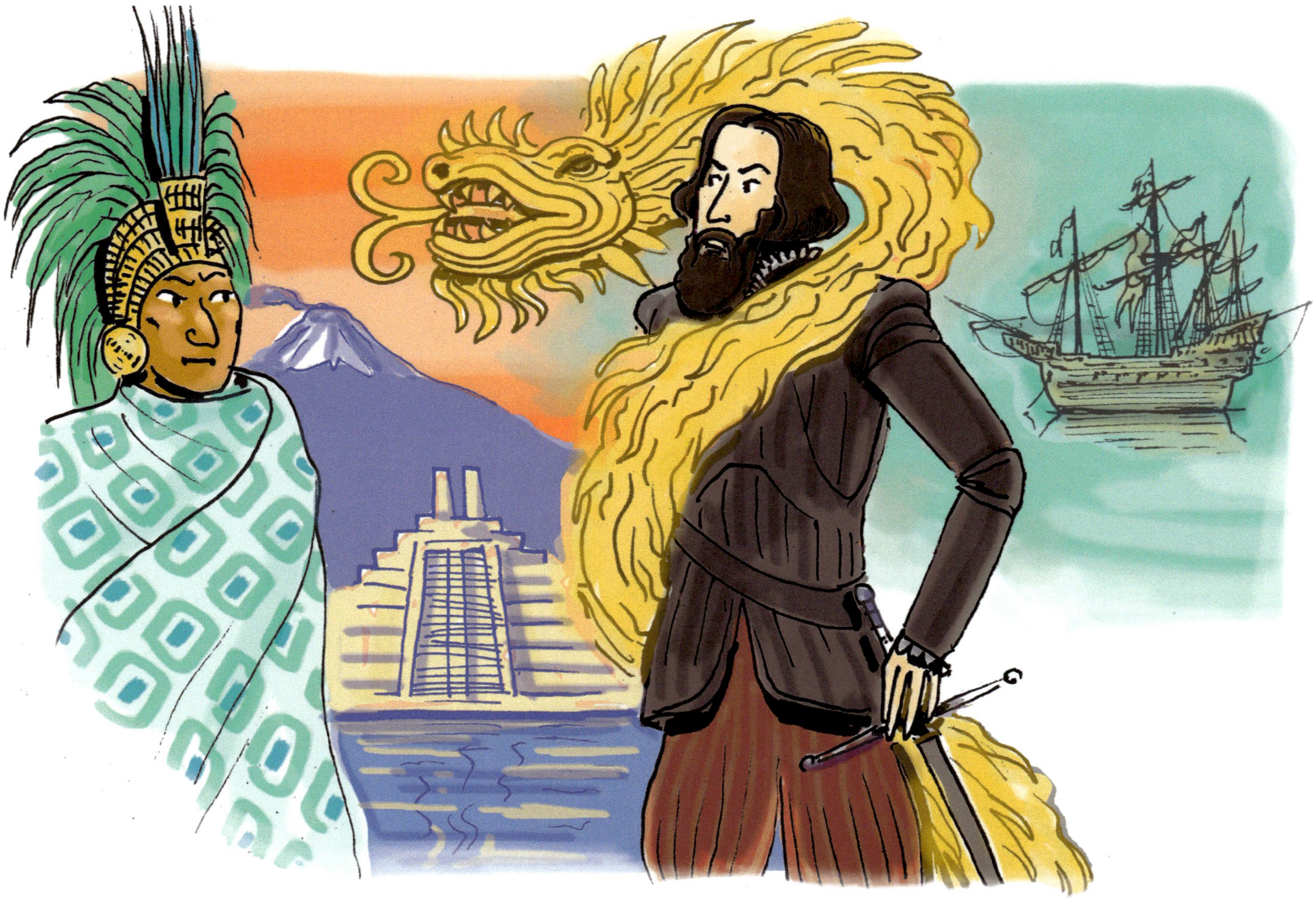

Mystery 5: Colombia: Pablo Escobar y el narcotráfico (B2)

Didaktisch-methodische Hinweise und Erwartungshorizont

Lernziele

Die Lerner erweitern ihre Kompetenzen im Bereich des interkulturellen Lernens, indem sie erkennen, dass das Erbe des kolumbianischen Drogenbosses Pablo Escobar (1949–1993) auch 25 Jahre nach dessen Tod allgegenwärtig ist: Sie arbeiten heraus, dass sich die Folgen der luxuriösen und kriminellen Lebensgeschichte Escobars sowohl in der aktuellen Nilpferdplage Kolumbiens als auch im weltweit boomenden Drogenhandel, beispielhaft im Frankfurter Bahnhofsviertel, widerspiegeln.

Unterrichtsmaterialien

KV WS, KV ROL und KV 5.1 – KV 5.8, evtl. kleiner Koffer, Tütchen mit Mehl

Verlauf

Als Stundeneinstieg bietet es sich an, einen kleinen Koffer mit folgendem Inhalt vorzubereiten: Einer Nilpferdfigur und einem Foto von Drogenabhängigen am Frankfurter Bahnhof, an das ein Tütchen mit weißem Pulver (Mehl) geheftet ist. Der Koffer wird von den SuS geöffnet und der Inhalt kommentiert. Die SuS durchsuchen den Koffer nach weiteren Hinweisen und entdecken (pro Gruppe) einen Umschlag, auf dem ein spanischsprachiger Zeitungsartikel (KV 5.1) zu sehen ist. Dieser bildet die Rahmenhandlung der Stunde und enthält einen Aufruf zur Teilnahme an einem Rätsel, bei dem es folgende Mysteryfrage zu beantworten gilt: *¿Qué tiene que ver la plaga de hipopótamos en Colombia con el problema de drogas en el barrio de la estación de Fráncfort?* Der Zeitungsartikel verortet die im Koffer gefundenen Objekte in Raum und Zeit.

Die SuS finden sich in Gruppen zusammen, erhalten die Materialien (KV WS, KV ROL, KV 5.2 – KV 5.4) und bearbeiten die Aufgabenstellung. Anschließend soll – entsprechend der Rahmenhandlung – enthüllt werden, dass es sich bei dem Gewinn des Preisrätsels um eine virtuelle Reise nach Kolumbien auf den Spuren Escobars handelt. Die Stunde endet mit einem Blitzlicht zu den Erwartungen an die Reise, bei denen die SuS auf ihr Vorwissen über Kolumbien, die Mysterykärtchen (z. B. *Hacienda Nápoles*) und ggf. Differenzierungsmaterial zurückgreifen können (z. B. Escobar-Viertel). Um sich angemessen auf die virtuelle Reise vorzubereiten, recherchieren die SuS als HA (KV 5.7 – KV 5.8) zur Person Escobars, zu dessen Lebensgeschichte und zu relevanten Orten.

Als **Differenzierung** (KV 5.5 – KV 5.6) steht für schnelle Gruppen eine Auflistung mit skurrilen Fakten über das luxuriöse und kriminelle Leben Escobars zur Verfügung, aus denen die SuS eine Information wählen und durch die Beschriftung des noch leeren Mysterykärtchens O in ihre Präsentation integrieren können.

Differenzierung für schnelle Gruppen

Mystery 5

Erwartungshorizont (Mysteryfrage)

Die SuS erarbeiten, inwieweit Leben und (kriminelles) Handeln Pablo Escobars nicht nur zu dessen Lebzeiten, sondern auch ein Vierteljahrhundert nach dessen Tod die gesellschaftliche Situation in Kolumbien und auch im Ausland, hier Deutschland, beeinflusst: Pablo Escobar war ein berühmt-berüchtigter kolumbianischer Drogenboss (1949–1993), der zu seiner Zeit den weltweiten illegalen Drogenhandel kontrollierte. Als höchster Anführer des Drogenkartells in Medellín war er v.a. für das florierende Geschäft mit Kokain verantwortlich. Sein Einfluss war derart groß, dass ihm und seinem Kartell über 80 % der weltweiten Kokainproduktion zugeschrieben wurden (Kärtchen H). Zu seiner Hochzeit wurden pro Tag 15 Tonnen Kokain ins Ausland, auch nach Deutschland, exportiert (Kärtchen M).

Der Erfolg im Drogengeschäft machte Escobar zu einem ebenso reichen wie gefürchteten Mann: Gegenüber der Bevölkerung exerzierte er das Motto *Ustedes eligen: ¿plata o plomo?*, weswegen viele (darunter Bauern, Militärs und Politiker) aus Angst mit ihm kollaborierten (Kärtchen E). Sein Sitz war die *Hacienda Nápoles* (Kärtchen N), wo bis zu seinem Tod die Treffen der Kartellmitglieder stattfanden (Kärtchen A). Sie war damals luxuriöser Zeuge von Escobars finanzieller Wohlstand und beherbergte neben zwei Flugplätzen, unzähligen Angestellten uvm. u.a. drei Zoos (Kärtchen D), für die er 1983 Nilpferde anschaffte. Letztere stammen ursprünglich aus Afrika und haben sich seit ihrem Import nach Kolumbien derart vervielfacht (Kärtchen C), dass sie aktuell – 25 Jahre nach Escobars Tod – in Kolumbien eine Plage darstellen. Sie sind eine Gefahr für die lokale Umwelt und Bevölkerung (Kärtchen J, Kärtchen G).

Die SuS finden heraus, dass zu Escobars Vermächtnis nicht nur die Nilpferdplage zählt, sondern ebenso der illegale Drogenhandel, der aktuell weltweit noch präsenter ist als zu dessen Lebzeiten (Kärtchen M): So werden beispielsweise am Frankfurter Flughafen jährlich über 1600 *mulas* festgenommen, sog. menschliche Drogenkuriere (Kärtchen B, Kärtchen L). Die Drogenproblematik zeigt sich u.a. am zentral und damit für den Handel strategisch gut gelegenen Frankfurter Bahnhofsviertel (Kärtchen F, Kärtchen I). In Anlehnung an den Zeitungsartikel (*Introducción al tema*, KV 5.1) kommt dem Kärtchen K eine Schlüsselfunktion zu: Die Schlagwörter *25 años*, *herencia mortal* und *lucha* geben Hinweise auf die zuvor genannten aktuellen länderspezifischen Probleme, die Escobars Erbe darstellen und beide Länder – Kolumbien und Deutschland – miteinander verbinden.

Erwartungshorizont (HA)

Hausaufgabe **Nr. 1 ¿Quién era Pablo Escobar?**

Nombre: Pablo Escobar (1949–1993)

Profesión: narcotraficante, narcoterrorista, político, criminal, político y un empresario colombiano.

Familia: Tenía dos hijos: Pablo Escobar Henao (1977) y Manuela Escobar Henao (1984)

Infancia y juventud: Su padre era administrador de fincas y su madre profesora. Tenía 6 hermanos. Escobar desarrolló sus habilidades de negocio cuando era joven: Empezó con el robo de carros, luego vendió marihuana y después comenzó a negociar con cocaína.

Características: Le gustaron el lujo, las mujeres y el dinero. Para proteger su lucrativo comercio de drogas y mostrar su poder, cometió muchos crímenes. También se metió en política.

…

Nr. 2 / Nr. 3 El tour Pablo Escobar en Medellín

La hacienda Nápoles (= la residencia de Pablo Escobar y el sitio de reunión de los líderes de Cartel; una hacienda lujosa con un zoológico privado. En el zoológico había hipopótamos y otros animales exóticos.)

La "catedral" (= cárcel de Pablo Escobar, diseñada y construida por él con instalaciones de lujo: discoteca, sauna, cuarto para jugar billar etc. Su celda: un búnker para protegerlo de posibles ataques de enemigos. Escobar pasó casi un año (1991–1992) en la catedral, pero seguía con su negocio de drogas.)

Cementerio Jardines Monte Sacro de Medellín (= un jardín muy exclusivo con la tumba de Escobar y de su familia. Escobar siempre decía: "Prefiero una tumba en Colombia que una cárcel en Estados Unidos". Murió en 1993 en Medellín: Fue asesinado por balas en el tejado de una casa. Hoy, la gente coloca globos y deja flores y mensajes.)

Otros lugares de importancia:

- **Edificio Mónaco** (= Una de las residencias de Pablo Escobar en Medellín)
- **Edificio Dallas** (= Edificio en Medellín donde el Cartel hacía todos los negocios)
- **Barrio de los Olivos** (=Es el lugar en Medellín donde Escobar fue asesinado/ha muerto)
- **Barrio Pablo Escobar** (= está en las montañas de Medellín. Es un barrio donde Escobar pasó la mayor parte de su vida. Regaló cientos de casas a familias pobres. Para Escobar era fácil esconderse aquí porque todos lo protegían.)
- **Museo de la Policía** (= Bogotá. Aquí se puede ver la Harley Davidson que Escobar regaló a su hermano.)
- **Congreso de la República** (= Bogotá. Fue elegido como representante en el Congreso en el año 1982.)

…

EL NOTICIERO

www.elnoticiero.co   Jueves, 15 de noviembre 2018

Adivinanza: ¡Herencia mortal!

Aunque parezca raro, en Colombia hay una plaga de hipopótamos. Son un problema porque atacan a los pescadores y ponen en riesgo la fauna nativa. Otro lugar, otro problema: En Alemania en el barrio de la estación de Fráncfort la policía lucha casi en vano contra la venta y el consumo de drogas.

Nuestra pregunta:

¿Qué tiene que ver la plaga de hipopótamos en Colombia con el problema de drogas en el barrio de la estación de Fráncfort?

¡Participad en nuestra adivinanza!

¿Cómo participar?

1. Leed individualmente las tarjetas.
2. En grupos, ordenad todas las tarjetas según el contenido de la historia hasta llegar a la solución.
3. Explicad cómo está relacionada la información. Preparad un mapa mental (pegad la información en un póster). Podéis notar palabras clave y/o símbolos.
4. Presentad vuestros resultados en clase.

¡Ganaos un premio sorpresa!

Las tarjetas misteriosas (vista general)

KV 5.2

A
La hacienda Nápoles se encuentra en Colombia. Hasta la muerte de Escobar, fue el lugar de reunión de los líderes del cartel de Medellín. En aquella época era un símbolo de lujo. Hoy es un parque temático.

B

Cada año se detienen a unas 1658 personas, alias mulas, en el aeropuerto de Fráncfort.

C
Los hipopótamos son originariamente de África. Fueron importados por Pablo Escobar a su zoológico en la Hacienda Nápoles en 1983. Después de 25 años, se han multiplicado.

D
Escobar llevaba una vida muy lujosa. Por ejemplo, la hacienda Nápoles tenía:
- 2 pistas de aterrizaje para helicópteros
- 1.700 empleados
- 10 casas
- 3 zoológicos con animales exóticos
- 27 lagos artificiales
- la pista de motocrós más grande de Latinoamérica

la pista de aterrizaje die Landebahn | el/la empleado/a der/die Angestellte

E
La ley de Escobar:
"Ustedes eligen, ¿plata o plomo?"
Muchos miembros del gobierno, de la policía y de los militares, al igual que los campesinos que cultivaban la planta de la coca aceptaban colaborar con Pablo Escobar en el narcotráfico porque tenían miedo de morir. Eso explica parte de su éxito.

F
Fráncfort es una de las ciudades europeas más afectadas por la ola de la droga desde los años 80. "Bajo la sombra de los rascacielos [...] de Frankfurt, el barrio de la estación es el lugar de mayor concentración de droga [...]". Un aspecto esencial es su localización central, su fácil acceso dentro de Alemania y el aeropuerto internacional de Fráncfort.

el rascacielos das Hochhaus | el acceso der Zugang

G

Aviso de seguridad en la entrada de la hacienda "Nápoles":
PELIGRO – Presencia de hipopótamos

H

Pablo Escobar (1949–1993) fue un criminal, político y empresario colombiano, fundador y máximo líder del que controlaba más del 80% de la producción mundial de cocaína.

I
Día nacional de víctimas de drogas
Cada 21 de julio se conmemora en las grandes ciudades alemanas a las víctimas de drogas.
Una de ellas es Martina. A los 20 años la encontraron muerta en el barrio de la estación de Fráncfort. Por eso, su madre se junta cada año con otras víctimas para luchar contra el consumo de drogas.

J
Una invasión agresiva: Colombia declara la guerra a los hipopótamos de Pablo Escobar porque son un peligro tanto para los habitantes como para la flora y fauna de la región.

K
25 años de herencia mortal:
☠ = ☠
25 años de lucha

L
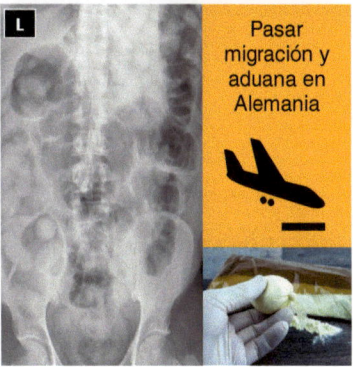
Pasar migración y aduana en Alemania

M
EL NARCOTRÁFICO

ANTES	HOY
En la época de Escobar, su equipo transportaba a diario unas 15 toneladas de cocaína al extranjero. También a Alemania.	La cantidad de cocaína que se produce actualmente en Colombia es 10 veces mayor que en la época de Escobar.

N

Las tarjetas misteriosas (para cortar)

A
La hacienda Nápoles se encuentra en Colombia. Hasta la muerte de Escobar, fue el lugar de reunión de los líderes del cartel de Medellín. En aquella época era un símbolo de lujo. Hoy es un parque temático.

B

Cada año se detienen a unas 1658 personas, alias mulas, en el aeropuerto de Fráncfort.

C
Los hipopótamos son originariamente de África. Fueron importados por Pablo Escobar a su zoológico en la Hacienda Nápoles en 1983. Después de 25 años, se han multiplicado.

D
Escobar llevaba una vida muy lujosa. Por ejemplo, la hacienda Nápoles tenía:
- 2 pistas de aterrizaje para helicópteros
- 1.700 empleados
- 10 casas
- 3 zoológicos con animales exóticos
- 27 lagos artificiales
- la pista de motocrós más grande de Latinoamérica

la pista de aterrizaje die Landebahn | **el/la empleado/a** der/die Angestellte

E
La ley de Escobar: "Ustedes eligen, ¿plata o plomo?"

Muchos miembros del gobierno, de la policía y de los militares, al igual que los campesinos que cultivaban la planta de la coca aceptaban colaborar con Pablo Escobar en el narcotráfico porque tenían miedo de morir. Eso explica parte de su éxito.

F
Fráncfort es una de las ciudades europeas más afectadas por la ola de la droga desde los años 80. "Bajo la sombra de los rascacielos […] de Frankfurt, el barrio de la estación es el lugar de mayor concentración de droga […]". Un aspecto esencial es su localización central, su fácil acceso dentro de Alemania y el aeropuerto internacional de Fráncfort.

el rascacielos das Hochhaus | **el acceso** der Zugang

Las tarjetas misteriosas (para cortar)

G

Aviso de seguridad en la entrada de la hacienda "Nápoles":

PELIGRO – Presencia de hipopótamos

H

Pablo Escobar (1949–1993) fue un criminal, político y empresario colombiano, fundador y máximo líder del que controlaba más del 80% de la producción mundial de cocaína.

I

Día nacional de víctimas de drogas

Cada 21 de julio se conmemora en las grandes ciudades alemanas a las víctimas de drogas.
Una de ellas es Martina. A los 20 años la encontraron muerta en el barrio de la estación de Fráncfort. Por eso, su madre se junta cada año con otras víctimas para luchar contra el consumo de drogas.

J

Una invasión agresiva:
Colombia declara la guerra a los hipopótamos de Pablo Escobar porque son un peligro tanto para los habitantes como para la flora y fauna de la región.

K

25 años de herencia mortal:

☠ = ☠

25 años de lucha

L

Pasar migración y aduana en Alemania

Las tarjetas misteriosas (para cortar)

KV 5.4B

M — **EL NARCOTRÁFICO**

ANTES	HOY
En la época de Escobar, su equipo transportaba a diario unas 15 toneladas de cocaína al extranjero. También a Alemania.	La cantidad de cocaína que se produce actualmente en Colombia es 10 veces mayor que en la época de Escobar.

N

O [Opcional: Incluid una nueva información que combina con vuestra presentación del póster]

Material adicional

KV 5.5

Tarea
1. Leed la información.
2. ¿Cuál os parece la más curiosa? Discutid en vuestro grupo.
3. Incluid una de las nuevas informaciones que combina con vuestra presentación del póster.

Material adicional

Riqueza, extravagancias, violencia y poder: Lo que no sabías sobre Pablo Escobar

1. La vida delictiva de Pablo Escobar comenzó con el **robo de carros** (= coches).

2. Se calcula que las ganancias de Escobar alcanzaban los **30 billones de dólares**. ¡Llegó a traficar con incluso 15 toneladas de cocaína al día!

3. Guardaba su **dinero** en ligas (= Gummibänder). Todos los meses llegaba a **gastar** hasta dos mil quinientos dólares en su compra.

4. Las **ratas** se comían el 10% de los **billetes** que Pablo ganaba cada año.

5. Se le hace responsable de la **muerte** de unas **4000 personas**. Entre ellas aproximadamente 200 jueces (= Richter), 1000 policías, periodistas y políticos.

6. Escobar hizo **una hoguera** (= das Lagerfeuer) para calentar a su hija mientras se escondían de la policía. En ella **quemó** cerca de **dos millones** de dólares.

7. La **prisión de lujo**, conocida como "La Catedral", pertenecía a Pablo Escobar. Aquí pasó algo más de un año.

8. **Ayudar** a la **gente desfavorecida** fue una de sus prioridades. Entre otras cosas, creó programas de comida, hizo donaciones económicas a **iglesias** y **hospitales**, hizo construir parques y estadios de fútbol e incluso creó un **barrio** que lleva su nombre.

9. Lo llamaban" "**Robin Hood**" por su **solidaridad** con los más necesitados.

Fuente: www.elbocalista.com

Material adicional

Colombia > Medellín
Tour Pablo Escobar

★★★★☆ 4/5 | 21 opiniones

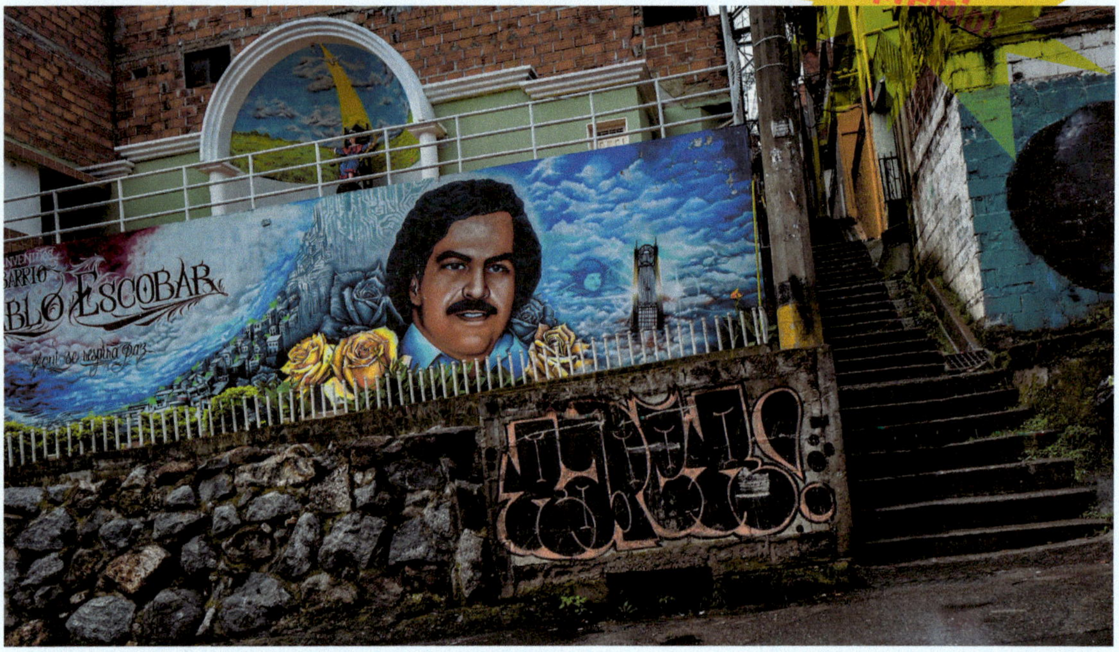

¡Tu premio!

Descubre Medellín de una manera diferente. Con el tour sobre Pablo Escobar podrás conocer todos los secretos e historias del rey de la droga y del terror. Un guía local te explicará los detalles de la vida y muerte del criminal colombiano más famoso del mundo. ¡Déjate sorprender!

Información general

Cancelacíon fácil
→ Se puede cancelar hasta 24 horas antes con un reembolso completo

Grupo limitado
→ Un máximo de 8 personas

Duración: 4 h
→ El tour completo no dura más de 4 horas.

Confirmación inmediata
Guía español/inglés
Servicio de recogida
→ Opcional y solo con reservas anteriores.

Material adicional

DEBERES

¡Prepárate para el viaje!

1. ¿Quién era Pablo Escobar? En Internet, busca información sobre él y escribe su ficha de identidad.
2. ¿Cómo te imaginas el tour Pablo Escobar en Medellín? ¿Qué lugares vas a visitar? ¿Por qué? ¿Qué tienen que ver estos lugares con la vida de Pablo Escobar?
3. Crea el folleto:

Nombre e importancia del lugar

Nombre e importancia del lugar

Nombre e importancia del lugar

Mystery 6: Los desaparecidos de la dictadura militar argentina (B2)

Didaktisch-methodische Hinweise und Erwartungshorizont
¡Ardiente ausencia! Hoy es jueves, el cumple de Lucía. ¿Por qué tiene un nudo en la garganta al abrir su regalo mientras que al mismo tiempo en Buenos Aires su madre y otras abuelas hacen un nudo en sus pañuelos blancos?

Lernziele
Die Lerner erweitern ihre Kompetenzen im Bereich des interkulturellen Lernens, indem sie ausgewählte Aspekte der argentinischen Militärdiktatur (1976–1983) erarbeiten: Ausgehend von der Ausstellung *Ausencias* des Fotografen Gustavo Germano verknüpfen sie die fiktive Geschichte von Lucía mit der Suche der *Madres/Abuelas de la Plaza de Mayo* nach den *desaparecidos*, ihren verschwundenen Kindern und Enkeln.

Unterrichtsmaterialien
KV WS, KV ROL und KV 6.1 – KV 6.7

Verlauf
Als Unterrichtseinstieg dient eine Momentaufnahme des Geburtstags von Lucía, einer Argentinierin mit langjährigem Wohnsitz in Madrid (KV 6.1). Zu ihrem Geburtstag erhält Lucía telefonische Glückwünsche ihrer Mutter aus Buenos Aires. Diese kann nicht nur wegen ihres hohen Alters nicht zum Geburtstag ihrer Tochter nach Europa kommen, sondern auch, weil sie donnerstags regelmäßig einen wichtigen Termin wahrnimmt, zu dem sie immer ein weißes Kopftuch trägt.

Die SuS erfahren, dass die fotobegeisterte Lucía von ihren Freunden mit einem – wie diese denken – ganz besonderen Geschenk bedacht wird: Einer Eintrittskarte in die Fotoausstellung *Ausencias* des bekannten Fotografen Gustavo Germano, die aktuell in Madrid gezeigt wird. Lucías verhaltene Reaktion auf ihr Geschenk stellt ihre Freunde vor die Frage: *¿Por qué tiene un nudo en la garganta al abrir su regalo mientras que al mismo tiempo en Buenos Aires su madre y otras abuelas hacen un nudo en sus pañuelos blancos?*

Um diese Frage zu beantworten, finden sich die SuS in Gruppen zusammen, erhalten die Materialien (KV WS, KV ROL, KV 6.2 – KV 6.7), bearbeiten die Aufgabenstellung und präsentieren im Anschluss ihre Ergebnisse.

Differenzierung für schnelle Gruppen
Als **Differenzierung** (KV 6.6) ist für schnelle Gruppen die Analyse eines Zitates von Gustavo Germano aus dem Jahre 2011 vorgesehen. Die SuS setzen sich mit dem Wunsch des Fotografen auseinander, seine Fotos mögen die Menschen sensibilisieren und ihnen begreiflich machen, was gewaltsames Verschwinden für die Hinterbliebenen bedeutet. Die SuS diskutieren das Zitat in der Gruppe und integrieren die Ergebnisse in ihre Präsentation (Kärtchen Q).

Erwartungshorizont (Mysteryfrage):
Die SuS erkennen, dass die Mysteryfrage im Kontext der argentinischen Militärdiktatur (1976–1983) steht: Unter der Herrschaft des Diktators Jorge Rafael Videla (Kärtchen F) wurden die Menschenrechte derart verletzt, dass Regimegegner und vermeintlich verdächtige Zivilisten (darunter Studenten, Arbeiter etc.) verhaftet,

verschleppt, gefoltert oder ermordet wurden (Kärtchen K). Bezeichnend für den Staatsterror ist v.a. das Schicksal der etwa 30.000 *desaparecidos* (Kärtchen B), das bis heute weitgehend ungeklärt ist.

Obwohl der vom Staat exerzierte Terror aus juristischer Sicht als Völkermord eingestuft wird, genießen viele der Verantwortlichen Straflosigkeit (Kärtchen P). Im Streben nach Aufklärung der Kriegsverbrechen und in Gedenken an ihre verschwundenen Kinder (Kärtchen A) versammeln sich seit 1977 jeden Donnerstag um 15.30 Uhr die sog. *Madres de la Plaza de Mayo* in Buenos Aires (Kärtchen G). Ihr Erkennungszeichen ist ein weißes Kopftuch (Kärtchen C). Die Organisation der *Abuelas de la Plaza de Mayo* verfolgt ein ähnliches Ziel: Sie widmen sich der Suche nach den ca. 300 Babys, die den Frauen unmittelbar nach ihrer Entbindung während der Gefangenschaft weggenommen (Kärtchen D) und an regimetreue Familien zur Adoption vermittelt wurden (Kärtchen L). Die nationale Datenbank BNDG wurde von den *Abuelas* ins Leben gerufen, um die genetische Identität der gestohlenen Kinder mit der der Familien der *desaparecidos* abzugleichen. Auf diese Weise konnten bereits 122 Enkelkinder ausfindig gemacht werden (Kärtchen O).

Die Erinnerung an die Zeit der argentinischen Militärdiktatur und die damit einhergehende öffentliche (wie auch private) Vergangenheitsbewältigung sind ein wichtiger Teil des kollektiven Gedächtnisses der argentinischen Gesellschaft (Kärtchen M). Die Ereignisse werden auch künstlerisch aufgearbeitet, z. B. in Form der Fotoausstellung *Ausencias* des argentinischen Fotografen Gustavo Germano (Kärtchen H, Kärtchen I). Die Fotos sind Sinnbild der Antonyme *presencia – ausencia* (Kärtchen E): Sie zeigen Bildpaare, von denen jeweils ein Foto die *desaparecidos* mit ihren Angehörigen vor ihrem Verschwinden darstellt. Das andere Foto stellt die gleiche Momentaufnahme Jahrzehnte später nach. Die Gegenüberstellung verdeutlicht (physisch) die Lücke, die die *desaparecidos* hinterlassen haben (Kärtchen N).

Mit Hilfe dieser Hintergrundinformationen und dem Kärtchen J sind die SuS in der Lage zu erklären, wieso die Eintrittskarte zur Madrider Fotoausstellung von Gustavo Germano bei Lucía einen Knoten im Hals verursacht: Bei ihrer schwangeren Schwester handelt es sich um eine *desaparecida*, deren Schicksal bis dato ungeklärt ist, weswegen ihre Mutter mit ihrem geknoteten weißen Kopftuch dem Treffen der *Madres de la Plaza de Mayo* in Buenos Aires beiwohnt, um für die Wahrheitsfindung zu kämpfen. Dies ist auch der Grund, warum sie nicht zum Geburtstag ihrer Tochter Lucía nach Madrid kommen kann.

Erwartungshorizont (HA)

Das Lied *Como la Cigarra* der argentinischen Dichterin María Elena Walsh spricht vom Schrecken (V. 1/2/17/18), aber auch dem Widerstand (Refrain) und der Hoffnung (V. 31) all derer, die während der siebenjährigen Militärdiktatur unter Jorge Rafael Videla mundtot gemacht und ins Exil getrieben wurden. Repräsentativ für alle Unterdrückten des Regimes beschreibt der Text einen Neubeginn im Exil als Auferstehung (V. 4) der Überlebenden (V. 14). Stellvertretend für die Opfer des Staatsterrors spiegelt das lyrische Ich das Schicksal der Künstler wider (V. 1–24), während es ab Vers 25 im lyrischen Du Leidensgenossen anspricht und ihnen Mut macht (V. 26–32). Im biologischen Kreislauf einer Zikade wird die künstlerische Wiedergeburt im Exil verbildlicht (Refrain): Wie die Zikade, so haben auch unzählige Künstler im Untergrund und Verborgenen gearbeitet (V. 13–15), bevor sie ans Licht – die Freiheit – gelangen und ihre Kunst erneut ausüben konnten (V. 8/23/32).

Introducción al tema

Lucía es argentina y residente en Madrid desde hace más de 30 años. Pronto será su cumple. Sus amigos se han juntado para organizar su fiesta de cumpleaños el jueves próximo. Entre otras cosas, han pensado qué regalarle. Como a María le encanta la fotografía, al final han decidido comprarle una entrada para la exposición de Gustavo Germano, un famoso fotógrafo argentino.

Antes de abrir el regalo, recibe una llamada de su madre desde Argentina que la felicita. Lamentablemente no puede venir porque ya es mayor. Además, cada jueves tiene una reunión importante a la que no puede faltar. Ya sabe lo que se va a poner: El pañuelo blanco de siempre.

Cuando Lucía ve lo que le han regalado sus amigos, su cara se pone seria. Los invitados de Lucía se hacen la pregunta: **¿Por qué tiene un nudo en la garganta al abrir su regalo mientras que al mismo tiempo en Buenos Aires su madre y otras abuelas hacen un nudo en sus pañuelos blancos?**

Tarea:

Para entender y explicar por qué Lucía se pone seria:
1. Leed individualmente las tarjetas.
2. En grupos, ordenad todas las tarjetas según el contenido de la historia hasta llegar a la solución.
3. Explicad cómo están relacionadas las informaciones. Preparad un esquema (pegad las informaciones en un póster). Podéis anotar palabras clave y/o símbolos.
4. Presentad vuestro resultado en clase.

Vocabulario

el nudo der Knoten | **la reunión** das Treffen | **el pañuelo** *hier:* das Kopftuch | **la garganta** der Hals

Las tarjetas misteriosas (vista general)

KV 6.2

A — Lemas de las Madres de la Plaza de Mayo
- "La única lucha que se pierde es la que se abandona"
- "Resistir es vencer"
- "Ni un paso atrás"
- "La fuerza nace del amor por tus hijos."

B — Terrorismo de estado. Durante los años de dictadura más de 30.000 personas "desaparecieron".

C — El pañuelo blanco es la característica distintiva de las Madres de la Plaza de Mayo y son un símbolo de lucha.

D — Alrededor de 500 bebés fueron separados de sus madres, que luego fueron asesinadas, y entregados a familias leales al régimen.

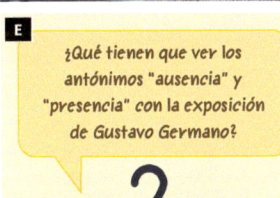
E — ¿Qué tienen que ver los antónimos "ausencia" y "presencia" con la exposición de Gustavo Germano?

F — 1976–1983
La dictadura militar argentina bajo Jorge Rafael Videla se inició con un golpe de estado el 24 de marzo de 1976 y duró hasta el 10 de diciembre de 1983. Contó con el apoyo y/o la aceptación de muchos sectores públicos (p.ej. medios de comunicación, líderes económicos, la iglesia católica …).

G — Las Madres de la Plaza de Mayo comenzaron el 30 de abril de 1977 a reunirse en Buenos Aires en la Plaza de Mayo con el objetivo de tener una audiencia con el dictador J.R. Videla. Desde entonces se juntan cada jueves a las 15:30 h para marchar en círculo y manifestar pacíficamente contra el destino no resuelto.

H — Existen diferentes formas de recuperar la memoria colectiva: museos históricos, monumentos, arte, música, literatura, cine, fotografía, proyectos… De esta manera se mantiene vivo el diálogo entre el ayer y el hoy.

I — Exposición de fotografía **Ausencias**. Encontraréis el enlace para ir a la exposición online.
https://www.gustavogermano.com/portfolio/width-double/

J — Lo que conmueve a Lucía:
Hace 30 años que ya no vive en Argentina y aún no ha logrado olvidar el día en el que se llevaron a su hermana embarazada…
¿Dónde estará?
¡Ojalá que algún día salga la verdad a la luz!

K — En esta época, los derechos humanos fueron violados masivamente: Hubo miles de detenciones, torturas, asesinatos, desapariciones y otros tipos de violación contra toda persona sospechosa de tener una opinión política diferente a la del régimen. Aproximadamente 500.000 personas tuvieron que exiliarse al extranjero.

L — Las Abuelas de Plaza de Mayo son una organización similar a las Madres de la Plaza de Mayo que tiene como objetivo localizar y reunir a todos los niños y bebés que fueron separados de sus familias durante la dictadura.

M — **Definición**
"La memoria es la capacidad de recordar datos y acontecimientos. Esta función del intelecto humano tiene una doble dimensión: la individual y la colectiva. El concepto de memoria colectiva hace referencia a todos aquellos aspectos que forman parte del legado de una comunidad."
Crean la identidad de un pueblo.
el acontecimiento das Ereignis | el legado das Vermächtnis
© DefiniciónABC/Javier Navarro

N — En su exposición "Ausencias" el fotógrafo Gustavo Germano "muestra" a todos los que ya no están: "trabajadores, militantes de barrio, estudiantes, obreros, profesionales o familias enteras, todos ellos víctimas" de la dictadura argentina…
Fuente: www.notimerica.com

O — El Banco Nacional de Datos Genéticos (BNDG) fue creada por las Abuelas de la Plaza de Mayo para recuperar la identidad de los cientos de niños que fueron robados por el régimen argentino. Hasta hoy, 122 nietos han recuperado su identidad.
Fuente: www.elpais.com

P — El terrorismo de la dictadura militar fue judicialmente clasificado como genocidio. Sin embargo, hasta el día de hoy muchos de los responsables gozan de impunidad. Los parientes de los difuntos piden justicia y resolución de los crímenes cometidos.
el genocidio der Völkermord
la impunidad die Straflosigkeit
el pariente del difunto der Hinterbliebene

Las tarjetas misteriosas (para cortar)

A

Lemas de las Madres de la Plaza de Mayo

- "La única lucha que se pierde es la que se abandona"
- "Resistir es vencer"
- "Ni un paso atrás"
- "La fuerza nace del amor por tus hijos."

B

Terrorismo de estado

Durante los años de dictadura más de 30.000 personas "desaparecieron".

C

El pañuelo blanco es la característica distintiva de las Madres de la Plaza de Mayo y son un símbolo de lucha.

D

Alrededor de 500 bebés fueron separados de sus madres, que luego fueron asesinadas, y entregados a familias leales al régimen.

E

¿Qué tienen que ver los antónimos "ausencia" y "presencia" con la exposición de Gustavo Germano?

F

1976–1983

La dictadura militar argentina bajo Jorge Rafael Videla se inició con un golpe de estado el 24 de marzo de 1976 y duró hasta el 10 de diciembre de 1983. Contó con el apoyo y/o la aceptación de muchos sectores públicos (p.ej. medios de comunicación, líderes económicos, la iglesia católica …).

Las tarjetas misteriosas (para cortar)

G Las Madres de la Plaza de Mayo comenzaron el 30 de abril de 1977 a reunirse en Buenos Aires en la Plaza de Mayo con el objetivo de tener una audiencia con el dictador J.R. Videla.

Desde entonces se juntan cada jueves a las 15:30 h para marchar en círculo y manifestar pacíficamente contra el destino no resuelto

H Existen diferentes formas de recuperar la memoria colectiva: museos históricos, monumentos, arte, música, literatura, cine, fotografía, proyectos...
De esta manera se mantiene vivo el diálogo ente el ayer y el hoy.

I Exposición de fotografía
Ausencias

Encontráis el enlace para ir la exposición online.

https://www.gustavogermano.com/portfolio/width-double/

J *Lo que conmueve a Lucía:*
Hace 30 años que ya no vive en Argentina y aún no ha logrado olvidar el día en el que se llevaron a su hermana embarazada...
¿Dónde estará?
¡Ojalá que algún día salga la verdad a la luz!

K En esta época, los derechos humanos fueron violados masivamente:

Hubo miles de detenciones, torturas, asesinatos, desapariciones y otros tipos de violación contra toda persona sospechosa de tener una opinión política diferente a la del régimen.

Aproximadamente 500.000 personas tuvieron que exiliarse al extranjero.

L Las Abuelas de Plaza de Mayo son una organización similar a las Madres de la Plaza de Mayo que tiene como objetivo localizar y reunir a todos los niños y bebés que fueron separados de sus familias durante la dictadura.

Las tarjetas misteriosas (para cortar)

M

Definición

"La memoria es la capacidad de recordar datos y acontecimientos. Esta función del intelecto humano tiene una doble dimensión: la individual y la colectiva. El concepto de memoria colectiva hace referencia a todos aquellos aspectos que forman parte del legado de una comunidad."
Crean la identidad de un pueblo.

el acontecimiento das Ereignis | **el legado** das Vermächtnis
© DefiniciónABC/Javier Navarro

N

En su exposición "Ausencias" el fotógrafo Gustavo Germano "muestra" a todos los que ya no están: "trabajadores, militantes de barrio, estudiantes, obreros, profesionales o familias enteras, todos ellos víctimas" de la dictadura argentina…

Fuente: www.notimerica.com

O

El Banco Nacional de Datos Genéticos (BNDG) fue creada por las Abuelas de la Plaza de Mayo para recuperar la identidad de los cientos de niños que fueron robados por el régimen argentino. Hasta hoy, 122 nietos han recuperado su identidad.

Fuente: www.elpais.com

P

El terrorismo de la dictadura militar fue judicialmente clasificado como genocidio. Sin embargo, hasta el día de hoy muchos de los responsables gozan de impunidad. Los parientes de los difuntos piden justicia y resolución de los crímenes cometidos.

el genocidio der Völkermord
la impunidad die Straflosigkeit
el pariente del difunto der Hinterbliebene

Material adicional

Tarea
1. Leed y discutid la siguiente cita de Gustavo Germano (2011).
2. Incluid la nueva información en la presentación del póster (tarjeta Q).

"Lo más maravilloso que me puede pasar a mí, como familiar de desaparecido y como fotógrafo, es que Ausencias se transforme en algo referencial para la gente, como mecanismo para la comprensión de lo que es la desaparición forzada de personas".

GUSTAVO GERMANO

© Universidad Nacional de La Plata. Fac. Humanidades y C. Educación. Florencia Larralde Armas

---

0 [Opcional: Incluid la nueva información en vuestra presentación del póster]

Material adicional

DEBERES

Entre los perseguidos del régimen de J. R. Videla se encuentran muchos músicos, compositores y cantantes. Para estos artistas nacionales el desafío más grande era resistir con su arte a la represión del gobierno militar. Entre otros, la cantante argentina Mercedes Sosa, amenazada de muerte, dejó su país y triunfó en Europa, cantando lo que en su patria le habían prohibido por ser "comunista".

María Elena Walsh: Como la Cigarra

Escanear esta página

Tantas veces me mataron,
Tantas veces me morí,
Sin embargo estoy aquí
Resucitando.
5 Gracias doy a la desgracia
Y a la mano con puñal,
Porque me mató tan mal,
Y seguí cantando.

Estribillo
10 Cantando al sol,
Como la cigarra,
Después de un año
Bajo la tierra,
Igual que sobreviviente
15 Que vuelve de la guerra.

Tantas veces me borraron,
Tantas desaparecí,
A mi propio entierro fui,
Solo y llorando.
20 Hice un nudo del pañuelo,
Pero me olvidé después
Que no era la única vez
Y seguí cantando.

[Estribillo]

25 Tantas veces te mataron,
Tantas resucitarás
Cuántas noches pasarás
Desesperando.
Y a la hora del naufragio
30 Y a la de la oscuridad
Alguien te rescatará,
Para ir cantando.

[Estribillo]

Text, (OT) Walsh, Maria Elena. © Lagos Editorial/Tropical Music GmbH

Mystery 7: Miguel de Cervantes: Don Quijote (B2)

Didaktisch-methodische Hinweise und Erwartungshorizont
La tentación de lo imposible: ¿Qué tienen que ver las aventuras de Don Quijote con la lucha de Greta Thunberg?

Lernziele
Die Lerner erweitern ihre Kompetenzen im Bereich des literarischen und interkulturellen Lernens, indem sie erkennen, dass der Roman *El ingenioso hidalgo don Quijote de la Mancha* des spanischen Autors Miguel de Cervantes (1547–1616) auch 400 Jahre nach seiner Entstehung nichts von seiner Aktualität verloren hat. Damals wie heute setzen sich Menschen mit Themen wie Freiheit, Gerechtigkeit sowie der Diskrepanz zwischen äußerer Wirklichkeit und individueller Wahrnehmung auseinander und üben hierbei Kritik an ihrer jeweiligen Lebenswelt: Gesellschaftliche Veränderungen können nur dann gelingen, wenn Menschen ausreichend Phantasie, Beständigkeit und Leidensfähigkeit aufbringen, um für ihre Ideale zu kämpfen.

Die SuS erkennen in der Figur des Quijote und in der ihnen bekannten Aktivistin Greta Thunberg genau diese Eigenschaften und können Redewendungen der Alltagssprache, wie z. B. *ser un Quijote* oder *Kampf gegen Windmühlen*, nachvollziehen.

Unterrichtsmaterialien
KV WS, KV ROL und KV 7.1 – KV 7.10

Verlauf
Als Einstieg in das Mystery eignet sich das Eintauchen der SuS in das Unterrichtsgeschehen einer spanischen Schulklasse, die unter der gegenwärtigen sommerlichen Hitze leidet (KV 7.1). Den Hinweis des L, dass in der Freitagsstunde das Thema „Don Quijote de la Mancha" fortgesetzt wird, ruft unter einigen SuS Missfallen hervor. Sie stellen klar, dass sie am Freitag nicht im Unterricht präsent sein werden, was die L wiederum hinterfragt. Die Antwort der SuS, sie nähmen an den Freitagsdemonstrationen gegen die weltweite Klimapolitik teil, kommentiert der Lehrer mit dem Hinweis auf die Hausaufgabe, nämlich die Beantwortung der Frage: ¿Qué tienen que ver las aventuras del Don Quijote con la lucha de Greta Thunberg?

Um die Mysteryfrage zu lösen, finden sich die SuS in Gruppen zusammen, erhalten die Materialien (KV 7.2 – KV 7.7), bearbeiten die Aufgabenstellung und präsentieren im Anschluss ihre Ergebnisse, die sie zusammenfassend in das Kärtchen *nuestra solución* eintragen. Als Stundenabschluss bietet sich eine Diskussion darüber an, ob bzw. inwieweit heutzutage in der Gesellschaft Don Quijotes fehlen. In der HA (KV 7.10) können die SuS zwischen zwei Aufgabentypen wählen: Der kreativen Auseinandersetzung mit dem Begriff „idealista" oder der Recherche zur kulturellen Bedeutung des Quijote in unterschiedlichen Kunstgattungen.

Mystery 7

Differenzierung für schnelle Gruppen

Als **Differenzierung** (KV 7.8) ist für schnelle Gruppen die Analyse der spanischen Redewendung „ser un Quijote" vorgesehen. Ausgehend von einer Auswahl an Text- und Hörimpulsen bilden die SuS Hypothesen zur Bedeutung des Protagonisten für die spanische Gesellschaft in den Bereichen Bildung und Kultur. Die SuS diskutieren das Thema in der Gruppe und integrieren die Ergebnisse durch die Beschriftung des noch leeren Mysterykärtchens Q in ihre Präsentation.

Differenzierung für leistungsschwächere SuS

Für schwächere SuS steht während des Stundenverlaufs eine thematische Vokabelliste zur Verfügung (KV 7.9) Sie kann alternativ auch als vorentlastende Hausaufgabe zur Bearbeitung des Mysterys eingesetzt werden.

Erwartungshorizont (Mysteryfrage)

Die SuS erhalten Einblicke in den Roman *El ingenioso hidalgo don Quijote de la Mancha* und dessen Bedeutung für die Weltliteratur (Kärtchen A, Kärtchen F, Kärtchen O). Sie erfahren durch die Lektüre des Romanbeginns im 1. Kapitel, dass es sich bei dem Protagonisten Alonso Quijano um einen fünfzigjährigen Landadeligen mit viel Freizeit handelt, während der er Ritterromane liest (Kärtchen F). Die exzessive Lektüre führt dazu, dass er seinen Verstand verliert und beschließt, sein weiteres Leben als fahrender Ritter mit den entsprechenden Attributen – Name, Knappe und Pferd – zu verbringen in der Absicht, die fiktionale Ritterwelt Realität werden zu lassen (Kärtchen J, Kärtchen K). Er nimmt den Namen Don Quijote an und sieht seine Aufgabe in der Rolle des Ritters darin, die Welt von allem Übel zu befreien (Kärtchen K), selbst wenn diese Aufgabe als übermenschlich erscheint und Gefahren birgt (Kärtchen O).

Der Roman wurde in seiner Entstehungszeit in Spanien zwiespältig rezipiert: Ein beachtlicher Teil der Leserschaft war begeistert von dessen heldenhaftem Einsatz für das Gute, während ein anderer Teil die unvernünftigen Handlungen und Ideen als Taten eines Verrückten ablehnte (Kärtchen D, Kärtchen I).

Auch die schwedische Schülerin Greta Thunberg erfährt wegen ihrer Kritik an der weltweiten Klimapolitik unterschiedliche öffentliche Reaktionen. Wird sie, insbesondere von jungen Leuten, bewundert und zum Idol erhoben (Kärtchen C), so betrachten andere ihre Aktionen lediglich als Störung der allgemeinen Ordnung (Kärtchen M). Greta Thunberg bezeichnet ihr geistiges Abweichen von der Norm in Form des Asperger-Syndroms als Supermacht (Kärtchen L). Nur diejenigen, die außerhalb der Norm stünden, seien normal, alle anderen a-normal (Kärtchen P) Aufbauend auf diesem Credo initiiert Greta Thunberg zunächst ihren persönlichen *Schulstreik für das Klima* im Jahre 2018, aus dem sich die weltweite Bewegung *Fridays for future* entwickelt (Kärtchen C). Krisenzeiten erforderten Menschen, die anders seien als die Norm, um im Kampf gegen die unzureichende Klimapolitik erfolgreich zu sein, so Greta Thunberg (Kärtchen B). Selbst wenn die Aktionen wenig Aussicht auf Erfolg hätten, so bestehe dennoch die Pflicht, seinen Idealen treu zu bleiben und für deren Umsetzung weiterzukämpfen (Kärtchen H).

Die SuS erkennen, dass sowohl Don Quijote als auch Greta Thunberg ihre Kraft aus dem unbedingten Willen schöpfen, die Welt zu einem besseren Ort zu machen (Kärtchen E, Kärtchen N). Ihre Entschiedenheit verleiht ihnen den Status einer

Ausnahmeerscheinung, von denen es auf der Welt viel zu wenige gibt (Kärtchen G). In der Definition des Begriffs *Idealist* findet sich die Verbindung zwischen Don Quijote und Greta Thunberg (Kärtchen E) und damit der Schlüssel zur Lösung der Mysteryfrage.

Erwartungshorizont (HA)
Unter Rückbezug auf Miguel Cervantes' Hauptwerk sowie die eigene Lebenswelt lassen sich dem Begriff *idealista* themengerecht Schlüsselbegriffe zuordnen wie z. B. *amor, empatía, tolerancia* etc. *(tarea A)*.

In einem Rechercheauftrag machen sich die SuS bewusst, dass der Quijote bis heute nichts von seiner Bedeutung verloren hat: Als exemplarische Belege dienen künstlerische Formen aus Theater und Film, bildender Kunst und Musik. Der Grund für den anhaltenden Erfolg des Quijote liegt im konsequenten Streben, persönliche Träume bzw. Ideale zu verfolgen. In der Figur des Quijote sind heldenhaftes Handeln und Scheitern gleichermaßen vereint: Genau diese Diskrepanz stellt für viele Künstler eine Quelle der Inspiration dar und ist über verschiedene Epochen und Gattungen hinweg von Gültigkeit *(tarea B)*.

Introducción al tema

KV 7.1

Diálogo en la clase de literatura española

Ramón: ¡Ay que caloooor! Siempre la misma cosa. Ya no aguanto.

Profe: Bueno, chicos. Sé que hace calor. ¡Pero sin educación no hay futuro! Por eso… seguimos con nuestro tema: ¡las aventuras de Don Quijote!

Ramón: ¡Uff!

Isabel alza la mano…

Profe: ¡Dime, Isabel!

Isabel: ¡Sólo quería avisar que mañana no estamos!

Profe: ¿Cómo? ¿Dónde estáis?

Isabel: Pues, mañana es viernes y estamos en el centro para luchar contra el cambio climático.

Profe: ¡Vaya!

Ramón: ¿Qué le pasa? ¿Tiene algo en contra?

Profe: No. Cada uno con lo suyo. Sois libres en vuestras decisiones.
Pero no olvidéis de entregar la tarea para mañana.

Ramón: Oh, casi se me olvidó. ¿Qué era?

Isabel: Tenemos que descubrir lo que tienen que ver las aventuras de Don Quijote con la lucha de Greta Thunberg.

Profe: … ¿Ya tiene alguien alguna idea? …

¡Bienvenidos a la clase de literatura!

Introducción al tema

KV 7.2

Inspirados por la joven sueca Greta Thunberg, cada viernes miles de alumnos se juntan para luchar contra el cambio climático. Curiosamente la idea principal de estas protestas se parece a las aventuras del protagonista cervantino, el famoso Don Quijote. Entonces, ¿qué tienen que ver las aventuras de Don Quijote con la lucha de Greta Thunberg?

Tarea:
1. Leed individualmente las tarjetas.
2. En grupos, ordenad todas las tarjetas según el contenido hasta llegar a la solución.
3. Explicad cómo está relacionada la información. Preparad un esquema (pegad la información en un póster). Podéis usar palabras clave y/o símbolos.
4. Presentad vuestro resultado en clase.

Las tarjetas misteriosas (vista general)

A La novela "El ingenioso hidalgo Don Quijote de la Mancha" fue escrita por el famoso Miguel de Cervantes. Fue publicada en el año 1605 y se ha convertido en la obra más destacada de la literatura española y más leída después de la Biblia. Consiste en dos partes y cuenta las aventuras de Don Quijote en su viaje por España.

B "Especialmente en una crisis tan grande como esta, necesitamos pensar de forma diferente, necesitamos pensar fuera de nuestro sistema actual, necesitamos personas que piensen fuera de la norma y que no sean como todos los demás".
GRETA THUNBERG

C Greta Thunberg es una chica sueca que sufre de "Asperger", una forma de autismo. El "20 de agosto (2018) […] se sentó sola por primera vez delante del Parlamento sueco para iniciar una huelga diaria hasta que el Gobierno cumpliera con el compromiso de recorte de emisiones del Acuerdo de París contra el cambio climático. Luego pasó a ausentarse de clase solo los viernes. Su caso se ha hecho famoso en todo el mundo […]". Muchos alumnos siguen su ejemplo en los Fridays for future.
© InfoCatólica. 20.03.2019

D Don Quijote conmovió a la España de su tiempo con sus locuras. Sus acciones eran contra la razón y la prudencia. Sin embargo, llegó a los corazones de los demás porque creía en un mundo mejor donde él era caballero andante.
Fuente: www.aeroletras.com

E Ser una persona idealista significa tener una visión que va más allá de lo que se ve a primera vista. Es un individuo que se lanza por los caminos a buscar solución para todo lo que anda mal en el planeta.

F "En un lugar de la Mancha, de cuyo nombre no quiero acordarme, vivió hace mucho tiempo un hidalgo alto y seco de carnes, que rondaba los cincuenta años y tenía fama de hombre bueno. Cuentan que se llamaba Alonso Quijano… […] Por su condición de hidalgo, apenas tenía obligaciones, así que dedicaba sus muchas horas […] a leer libros de caballerías."
Miguel de Cervantes Saavedra, *El ingenioso hidalgo don Quijote de la Mancha* (cap.1)

G Hoy en día, lamentablemente, casi no hay Alonsos Quijanos que dejen la seguridad de sus casas para realizar el sueño con el que siempre han soñado. Faltan Quijotes […]."
Fuente: www.aeroletras.com

H Greta Thunberg:
"Hay que seguir" así lo dice Greta Thunberg en 2019 y sigue "sé que puede parecer imposible y desesperanzador a veces (…), sólo tenéis que continuar, porque (…) si hay suficiente gente luchando por lo correcto cualquier cosa es posible."
Fuente: Greta Thunberg, Nueva York, 2019

I Los idealistas causan dos tipos de reacción en la sociedad: Unos están fascinados y los ven como héroes. Otros están enojados y los creen locos.

J Hola, soy Don Quijote de la Mancha.
¿…?
¡Está loco ese tipo! Todos lo conocemos como Alonso Quijano…

K *Un poco loco*
"De día y de noche, don Alonso no hacía otra cosa más que leer. Por culpa de los libros, abandonó la caza y descuidó su hacienda, hasta que a fuerza de tanto leer y tan poco de dormir, se le secó el cerebro y se volvió loco."
Miguel de Cervantes Saavedra, *El ingenioso hidalgo don Quijote de la Mancha* (cap. 1)

Inspirado por la lectura, cambió su nombre por Don Quijote de la Mancha. Con la ambición de "realizar el mito, transformar la ficción en historia viva" corrió mundo –siempre acompañado de su caballo Rocinante y su amigo Sancho Panza.

L "Ser diferente es un súper poder."

Las tarjetas misteriosas (vista general)

KV 7.4

M

Noticia de la prensa alemana:
„Das Wort ‚Klimahysterie' ist das ‚Unwort des Jahres'" 2019."

... Muchos creen que esto es la culpa de Greta Thunberg ...

N

- ¿Y Alonso Quijano?
- ¿Cuáles son sus súper poderes y su increíble personalidad?
- Lleva su idealismo al límite.
- Pero ¿de qué se alimenta su locura?
- De ideales, de absurdos ideales.

O

"La ventura va guiando nuestras cosas mejor de lo que acertáramos a desear; porque ves allí, amigo Sancho Panza, donde se descubren treinta o pocos más desaforados gigantes, con quienes pienso hacer batalla y quitarles a todos las vidas, [...], que esta es buena guerra, y es gran servicio a Dios quitar tan mala simiente de sobre la faz de la tierra."

...De las aventuras del Quijote... (cap. 8) Descubrieron treinta o cuarenta molinos de viento.

"Mire vuestra merced – respondió Sancho – que aquellos que allí se parecen no son gigantes, sino molinos de viento…"

P

"Creo que, de muchas maneras, los autistas somos los normales y que el resto de las personas son bastante extrañas (...)"

GRETA THUNBERG

Q

[Opcional: Incluid una nueva información en vuestra presentación del póster]

Las tarjetas misteriosas (para cortar)

A

La novela "El ingenioso hidalgo Don Quijote de la Mancha" fue escrita por el famoso Miguel de Cervantes. Fue publicada en el año 1605 y se ha convertido en la obra más destacada de la literatura española y más leída después de la Biblia. Consiste en dos partes y cuenta las aventuras de Don Quijote en su viaje por España.

B

"Especialmente en una crisis tan grande como esta, necesitamos pensar de forma diferente, necesitamos pensar fuera de nuestro sistema actual, necesitamos personas que piensen fuera de la norma y que no sean como todos los demás".

GRETA THUNBERG

C

Greta Thunberg es una chica sueca que sufre de "Asperger", una forma de autismo. El "20 de agosto (2018) […] se sentó sola por primera vez delante del Parlamento sueco para iniciar una huelga diaria hasta que el Gobierno cumpliera con el compromiso de recorte de emisiones del Acuerdo de París contra el cambio climático. Luego pasó a ausentarse de clase solo los viernes. Su caso se ha hecho famoso en todo el mundo […]". Muchos alumnos siguen su ejemplo en los Fridays for future.

© InfoCatólica. 20.03.2019

D

Don Quijote conmovió a la España de su tiempo con sus locuras. Sus acciones eran contra la razón y la prudencia. Sin embargo, llegó a los corazones de los demás, porque creía en un mundo mejor donde él era caballero andante.

Fuente: www.aeroletras.com

E

Ser una persona idealista significa tener una visión que va más allá de lo que se ve a primera vista. Es un individuo que se lanza por los caminos a buscar solución para todo lo que anda mal en el planeta.

F

"En un lugar de la Mancha, de cuyo nombre no quiero acordarme, vivió hace mucho tiempo un hidalgo alto y seco de carnes, que rondaba los cincuenta años y tenía fama de hombre bueno. Cuentan que se llamaba Alonso Quijano… […] Por su condición de hidalgo, apenas tenía obligaciones, así que dedicaba sus muchas horas […] a leer libros de caballerías."
Miguel de Cervantes Saavedra, *El ingenioso hidalgo don Quijote de la Mancha* (cap.1)

Las tarjetas misteriosas (para cortar)

KV 7.6

G

"Hoy en día, lamentablemente, casi no hay Alonsos Quijanos que dejen la seguridad de sus casas para realizar el sueño con el que siempre han soñado. Faltan Quijotes […]."

Fuente: www.aeroletras.com

H **Greta Thunberg:**

"Hay que seguir" así lo dice Greta Thunberg en 2019 y sigue "sé que puede parecer imposible y desesperanzador a veces (…), sólo tenéis que continuar, porque (…) si hay suficiente gente luchando por lo correcto cualquier cosa es posible."

Fuente: Greta Thunberg, Nueva York, 2019

I

Los idealistas causan dos tipos de reacción en la sociedad: Unos están fascinados y los ven como héroes. Otros están enojados y los creen locos.

J

Hola, soy Don Quijote de la Mancha.

¿…?

¡Está loco ese tipo! Todos lo conocemos como Alonso Quijano…

K *Un poco loco*

"De día y de noche, don Alonso no hacía otra cosa más que leer. Por culpa de los libros, abandonó la caza y descuidó su hacienda, hasta que a fuerza de tanto leer y tan poco de dormir, se le secó el cerebro y se volvió loco."

Miguel de Cervantes Saavedra, *El ingenioso hidalgo don Quijote de la Mancha* (cap. 1)

Inspirado por la lectura, cambió su nombre por Don Quijote de la Mancha. Con la ambición de "realizar el mito, transformar la ficción en historia viva" corrió mundo –siempre acompañado de su caballo Rocinante y su amigo Sancho Panza.

L

"Ser diferente es un súper poder."

FRIDAYS FOR FU[TURE]

SKOLSTREJK FÖR KLIMATET

Las tarjetas misteriosas (para cortar)

M

Noticia de la prensa alemana:

„Das Wort ‚Klimahysterie' ist das ‚Unwort des Jahres'" 2019."

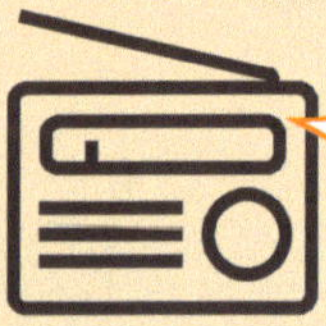

… Muchos creen que esto es la culpa de Greta Thunberg …

N

- ¿Y Alonso Quijano?
- ¿Cuáles son sus súper poderes y su increíble personalidad?
- Lleva su idealismo al límite.
- Pero ¿de qué se alimenta su locura?
- De ideales, de absurdos ideales.

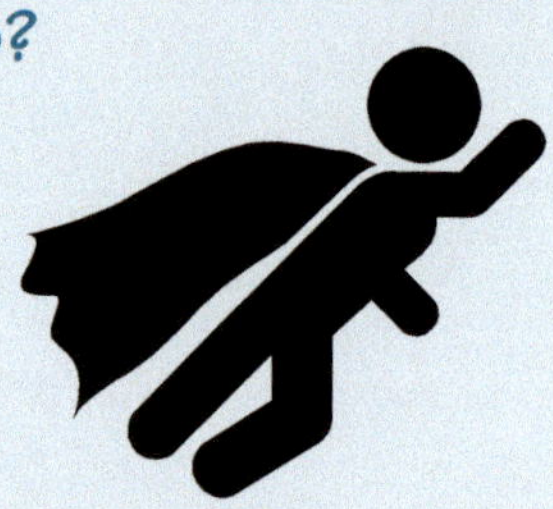

O

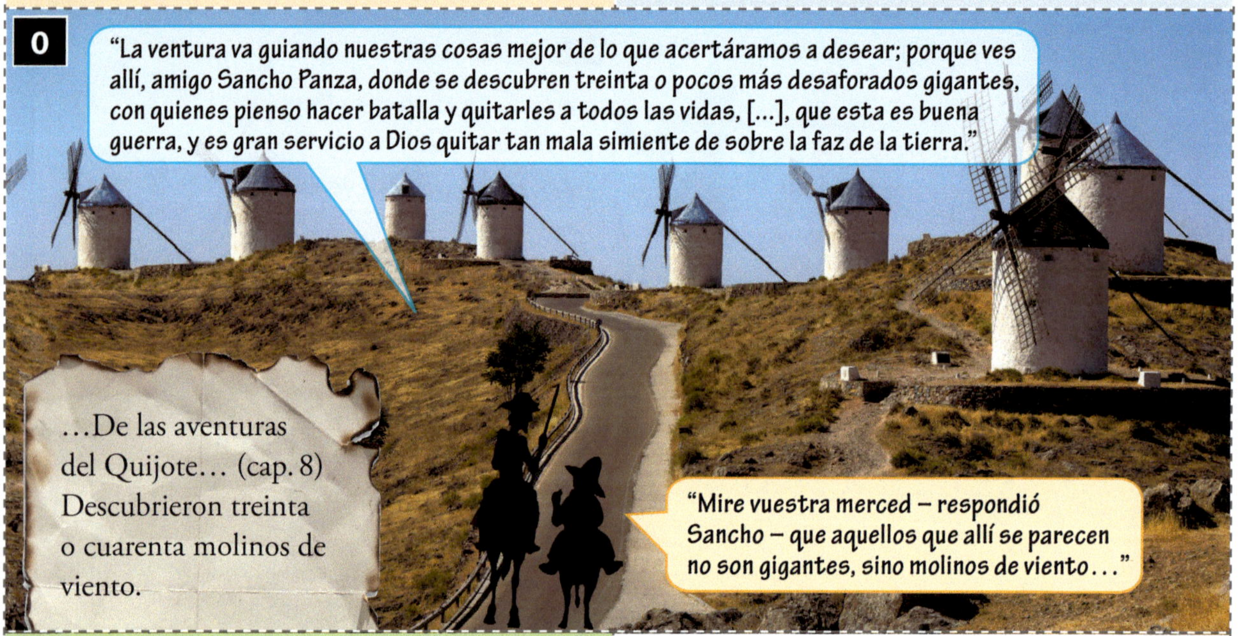

"La ventura va guiando nuestras cosas mejor de lo que acertáramos a desear; porque ves allí, amigo Sancho Panza, donde se descubren treinta o pocos más desaforados gigantes, con quienes pienso hacer batalla y quitarles a todos las vidas, […], que esta es buena guerra, y es gran servicio a Dios quitar tan mala simiente de sobre la faz de la tierra."

…De las aventuras del Quijote… (cap. 8) Descubrieron treinta o cuarenta molinos de viento.

"Mire vuestra merced – respondió Sancho – que aquellos que allí se parecen no son gigantes, sino molinos de viento…"

P

"Creo que, de muchas maneras, los autistas somos los normales y que el resto de las personas son bastante extrañas (…)"

GRETA THUNBERG

Q [Opcional: Incluid una nueva información en vuestra presentación del póster]

Material adicional

KV 7.8

Como habéis aprendido, la novela "El ingenioso hidalgo Don Quijote de la Mancha" es una obra literaria importante dentro de la cultura española. Por eso no asombra que la expresión "ser un Quijote" ha encontrado su camino en la lengua castellana. ¿Cómo os explicáis eso?

Tarea:
Elegid **uno** de los documentos que encontráis online.

1. ¿Qué es ser un Quijote? / No seas un Sancho. (texto)
2. Un sueño imposible. (canción)

Después, explicad lo que significa "ser un Quijote" para la sociedad española de hoy.

¿Sabíais que...?
La lectura del Quijote forma parte del plan curricular en España. El objetivo es enseñar a los alumnos valores y capacitarlos para ser mejores con los demás.

Material adicional

VOCABULARIO TEMÁTICO

tarjeta A
- **el hidalgo** – der Edelmann
- **destacado/a** – hochgewachsen

tarjeta C
- **la huelga** – der Streik
- **el Compromiso de recorte de emisiones del Acuerdo de Paris** – die Verpflichtung zur Co2-Emissionsminderung gemäß dem Pariser Abkommen

tarjeta D
- **conmover** – bewegen (emotional)

tarjeta E
- **lanzarse** – loslaufen, sich auf den Weg machen
- **el remedio** – das Heilmittel, die Medizin

tarjeta F
- **seco de carnes** – mager
- **apenas** – kaum

tarjeta H
- **desesperanzador/a** – entmutigend

tarjeta K
- **abandonar la caza** – die Jagd aufgeben
- **descuidar** – vernachlässigen
- **el cerebro** – das Gehirn, (hier: der Verstand)
- **correr mundo** – auf Wanderschaft gehen,

tarjeta O
- **la ventura** → la aventura
- **"mejor de lo que acertáramos a desear"** – besser als wir es uns hätten wünschen können
- **desaforados gigantes** – ungeheuer gewaltige Riesen
- **la mala** simiente – Unkraut
- **la faz** – das Antlitz, das Gesicht
- **vuestra merced** – Euer Gnaden

Material adicional

DEBERES

KV 7.10

Elige **una** de las dos tareas:

Tarea A:

Resumen creativo
Busca palabras que están relacionadas con la temática del mystery y completa la tabla.

```
        INOVAC I ÓN
              I D EAL
                E
                A
                L
                I
                S
                T
                A
```

Tarea B:

1. "El ingenioso hidalgo don Quijote de la Mancha" es una obra literaria. Sin embargo, existen más formas artísticas que cuentan la historia del Quijote. Busca ejemplos en Internet.

2. El Quijote ya tiene más de 400 años. A lo largo del tiempo ha sido una fuente de inspiración para muchos artistas de diferentes géneros. ¿Cómo te explicas el éxito de la obra hasta el día de hoy?

Bildquellennachweis

1 Shutterstock (Jenyk), New York; **9.1** Getty Images (ilyast), München; **9.2** Getty Images (Stock Ninja Studio), München; **9.3** Getty Images (Eloku), München; **9.4** Getty Images (lankogal), München; **13,15.1** Shutterstock (Schad), New York; **13,15.2** Getty Images (iNueng), München; **13,15.3** Getty Images (Stefan Ilic), München; **13,15.4** gemeinfrei; **13,15.5** Getty Images (Inspiretta), München; **13,15.6** Getty Images (MaksimYremenko), München; **13,15.7** Getty Images (traveler1116), München; **13,15.8** Getty Images (calvindexter), München; **13,15.10** Getty Images (tilo), München; **13,16.9** Getty Images (Bezvershenko), München; **13,16.11** Getty Images (Gannet77), München; **13,16.12** Getty Images (Zloyel), München; **13,16.13** Getty Images (rmarschall), München; **13,16.14** Getty Images (anamejia18), München; **13,16.15** Getty Images (rambo182), München; **13,16.16** Getty Images (t_kimura), München; **13,16.17** Getty Images (alazur), München; **13,16.18** Getty Images (insemar), München; **13,16.19** Getty Images (Ma_co), München; **17.2** Getty Images (designer29), München; **18.1** Getty Images (Barks_japan), München; **18.3** Getty Images (~Userba9fe9ab_931), München; **21** Getty Images (Ludmila_m), München; **22,23,24,26.6** Getty Images (Drawkman), München; **22,23,25,26** Getty Images (Bezvershenko), München; **22,24.1** Getty Images (Irina Griskova), München; **22,24.2** Getty Images (drmakkoy), München; **22,24.3** Getty Images (drmakkoy), München; **22,24.4** Getty Images (proksima), München; **22,24.5** Getty Images (Pict Rider), München; **22,24.7** Getty Images (dedMazay), München; **22,25.9** Getty Images (Macrovector), München; **22,25.11** Getty Images (i000pixels), München; **22,25.12** Getty Images (saemilee), München; **22,25.13** Getty Images (Olga Andreevna Shevchenko), München; **22,25.14** Getty Images (TheArtist), München; **22,25.15** Getty Images (Dusan Stankovic), München; **22,25.16** Getty Images (bananajazz), München; **22,25.17** Getty Images (VanReeel), München; **23,26.1** Getty Images (kursatunsal), München; **23,26.4** Getty Images (Kositskaya Olga), München; **23,26.6** Getty Images (IconicBestiary), München; **Cover U1** Shutterstock (DedMityay), New York; **30,33,36,37.1** Getty Images (IconicBestiary), München; **30.2** Getty Images (IconicBestiary), München; **32,34.1** Getty Images (MicrovOne), München; **32,34.2** Getty Images (gyener), München; **32,34.3** Getty Images (Grant Faint), München; **32,34.4** Getty Images (Diana Macias), München; **32,34.5** Getty Images (Marcos Elihu Castillo Ramirez), München; **32,34.6** Getty Images (jjltd), München; **32,34.7** Getty Images (Glasshouse Images), München; **32,34.8** Getty Images (Russell Monk), München; **32,35.9** Getty Images (ericb007), München; **32,35.10** Getty Images (aleksey-martynyuk), München; **32,35.11** Getty Images (Drypsiak), München; **32,35.12** Getty Images (Rockatansky), München; **32,35.13** Getty Images (Injenerker), München; **33,36.1** Getty Images (Rob Tilley), München; **33,36.2** Getty Images (Aleksei Elkin), München; **33,36.3** Getty Images (Liubov Trapeznykova), München; **33,36.4** Getty Images (drferry), München; **37.1** Getty Images (mofles), München; **37.2** Getty Images (mofles), München; **37.3** Getty Images (abalcazar), München; **38,42,43.1** Getty Images (kernelpanic74), München; **42,43.2** Getty Images (Photoco), München; **42,44.3** Getty Images (lushik), München; **42,44.4** Getty Images (Dimiraira), München; **42,44.6** Getty Images (memoangeles), München; **42,44.7** Getty Images (PeterSnow), München; **42,44.8** Shutterstock (John D Sirlin), New York; **42,44.9** Getty Images (Vladayoung), München; **51,52.3** Getty Images (undefined undefined), München; **51,52.4** Getty Images (justinroque), München; **51,52.5** Getty Images (kontrast-fotodesign), München; **51,53.6** Getty Images (PhotoStock-Israel), München; **51,53.7** Colombian National Police, Public domain, via Wikimedia Commons; **51,53.8** Getty Images (Rockatansky), München; **51,53.9** Getty Images (MediaProduction), München; **51,53.10** Getty Images (Biljana Cvetanovic), München; **51,53.11** Getty Images (WILLSIE), München; **51,53.12** Getty Images (lushik), München; **51,53.13** Shutterstock (gaikova), New York; **51,54.14** 123RF.com (Jesse Kraft), Nidderau; **54.2** Getty Images (Anna Kim), München; **55.1** Getty Images (Peter Dazeley), München; **55.2** Getty Images (crwpitman), München; **55.3** Getty Images (anuwat meereewee), München; **55.4** Getty Images (MediaProduction), München; **55.5** Getty Images (IRYNA NASKOVA), München; **55.6** Getty Images (Dmytro Lukyanets), München; **56.1** picture-alliance (Jan Sochor), Frankfurt; **56.2** Getty Images (Vadym Kalitnyk), München; **57** Getty Images (Pavlo Stavnichuk), München; **60** Getty Images (filo), München; **61,62.1** Getty Images (filo), München; **61,62.2** Getty Images (rudall30), München; **61,62.3** Getty Images (bbuong), München; **61,62.4** Getty Images (Gazometr), München; **61,62.5** Getty Images (Yulia Sutyagina), München; **61,62.6** Getty Images (nicoolay), München; **61,63.7** Getty Images (Steve Raymer), München; **61,63.8** Getty Images (bubaone), München; **61,63.9** Getty Images (Tatyana Antusenok), München; **61,63.10** Getty Images (erhui1979), München; **61,63.11** Getty Images (Nosyrevy), München; **61,64.12** Getty Images (MicrovOne), München; **61,64.13** Getty Images (GeorgeManga), München; **61,64.14** Getty Images (sorbetto), München; **61,64.15** Getty Images (Maike Hildebrandt), München; **70,77** Getty Images (Elena_Garder), München; **71** Getty Images (Sonya_illustration), München; **72,74.1** Getty Images (NGvozdeva), München; **72,74.2** Getty Images (Xurzon), München; **72,74.3** Getty Images (Trendsetter Images), München; **72,74.3** Getty Images (ChrisGorgio), München; **72,74.5** Getty Images (sundatoon), München; **72,74.5** Getty Images (enisaksoy), München; **72,74.6** Getty Images (kompozit), München; **72,75.8** Getty Images (Vladislav Popov), München; **72,75.9** Getty Images (Daria Vasenina), München; **72,75.10** Getty Images (timsa), München; **72,75.11** Getty Images (rhoon), München; **72,75.12** Getty Images (calvindexter), München; **72,75.13** Getty Images (FREDRIK SANDBERG), München; **73,76.1** Getty Images (da-vooda), München; **73,76.2** Getty Images (danleap), München; **73,76.3** Getty Images (SteveAllenPhoto), München; **73,76.4** Getty Images (photooiasson), München; **78** Getty Images (orensila), München